교과서 교실생활 문해력

1단계

초등 1·2학년

KB014583

학교에서 필요한 문해력과 실생활에서 필요한 문해력을
따로 공부할 필요가 있을까요?

"
문해력이 필요한 순간은
언제나 있습니다
"

이 책은
문해력 학습의 효율을 **확** 높였습니다

두 가지를
담았어요

교과서
문해력

실생활
문해력

교실 문해력으로
4주 완성 챌린지를
함께 해요!

교실
문해력

🍃 왜 필요할까요?

문해력은 학교에서 학습할 때는 물론 일상생활 전반에서 필요한 능력입니다.
교과 관련 내용을 담은 글을 읽고 쓰는 것은 물론, 실생활에서 접하는 다양한 매체를 보고
문제를 해결하는 능력을 갖출 필요가 있습니다.

🍃 어떻게 사용할까요?

날마다 6쪽씩 재미있게 학습합니다.
어휘를 풍성하게 하는 낱말 학습, 유익한 교과 관련 내용을 담은 교과서 문해력 지문 독해,
주변에서 볼 수 있는 다양한 실생활 문해력 지문을 독해 후 확인 문제를 풀어 봅니다.

🍃 그래서 어떤 효과가 있을까요?

글을 읽고 의미를 바르게 이해함으로써 교과 과정 내용을 수월하게 따라갈 수 있습니다.
또한 말과 글에 담긴 뜻을 제대로 파악하여 사람들과 원활하게 소통할 수 있습니다.

이렇게 공부해요

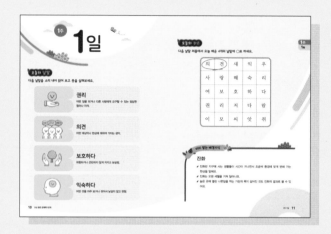

1 준비 학습

낱말을 그림과 함께 쉽게 익혀요. 퀴즈를 통해 학습한 낱말을 점검하고, 지문에 대한 배경지식을 쌓아요.

🎒 학습 point

국어 기초 어휘 목록을 토대로 선정한 낱말을 학습하며 나의 어휘력을 넓혀요. 어휘력은 문해력의 기본!

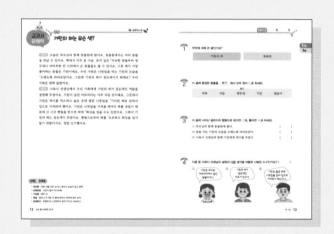

2 교과서 문해력

국어, 사회, 과학, 도덕, 안전한 생활 등 주요 교과와 관련된 지문을 읽고 교과 핵심 내용을 익혀요.

🎒 학습 point

최신 국어과 교육과정의 읽기 내용 요소를 담아, 읽기만 해도 문해력을 쑥 끌어올릴 수 있어요!

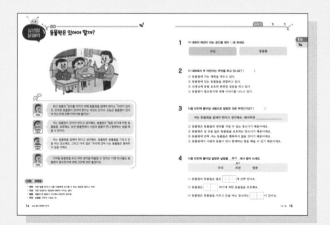

3 실생활 문해력

카드 뉴스, 그림 일기, 독서 감상문, SNS 등 실생활에서 접하는 친숙한 문서들을 즐겁게 읽어요.

🎒 학습 point

최근 계약서, 약관, 뉴스 등 실생활에서 접하는 매체를 올바르게 읽고 쓰는 능력이 중요해지고 있어요!

차례

1주

교과서 문해력과 실생활 문해력을
한번에 키워 보세요.

일자	오늘의 낱말	오늘의 읽을거리	스스로 평가
1일	• 권리 • 의견 • 보호하다 • 익숙하다	교과서 기린의 혀는 무슨 색? 실생활 동물원은 있어야 할까?	😄 🙂 🙁
2일	• 범죄 • 보행 • 사연 • 억울하다	교과서 억울한 일을 당했다면 북을 쳐라 실생활 우리 동네가 안전하면 좋겠어요	😄 🙂 🙁
3일	• 웃어른 • 존댓말 • 공경하다 • 올바르다	교과서 예의 바르게 말해요 실생활 예사말과 높임말	😄 🙂 🙁
4일	• 생물 • 호흡 • 오염되다 • 착용하다	교과서 깨끗한 공기의 소중함 실생활 올바른 마스크 착용법	😄 🙂 🙁
5일	• 독립 • 시인 • 형무소 • 점령당하다	교과서 자랑스러운 우리나라의 시인 실생활 귀뚜라미와 나와 ㅣ 윤동주	😄 🙂 🙁

오늘의 낱말

다음 낱말을 소리 내어 읽어 보고 뜻을 살펴보세요.

권리

어떤 일을 하거나 다른 사람에게 요구할 수 있는 정당한 힘이나 자격.

의견

어떤 대상이나 현상에 대하여 가지는 생각.

보호하다

위험하거나 곤란하지 않게 지키고 보살핌.

익숙하다

어떤 것을 자주 보거나 겪어서 낯설지 않고 편함.

오늘의 퀴즈

다음 낱말 퍼즐에서 오늘 배운 4개의 낱말에 ○표 하세요.

의	견	새	익	우
사	랑	해	숙	리
여	보	호	하	다
권	리	저	다	람
이	모	씨	앗	쥐

미리 쌓는 배경지식

진화

- 진화란 지구에 사는 생물들이 시간이 지나면서 조금씩 환경에 맞게 변해 가는 현상을 말해요.
- 진화는 오랜 세월을 거쳐 일어나요.
- 높은 곳에 열린 나뭇잎을 먹는 기린의 목이 길어진 것도 진화의 결과로 볼 수 있어요.

교과서 문해력

과학

기린의 혀는 무슨 색?

1문단 오늘은 부모님과 함께 동물원에 왔어요. 동물원에서는 여러 동물을 만날 수 있어요. 책에서 자주 본 사슴, 토끼 같은 *익숙한 동물부터 앵무새나 낙타처럼 먼 나라에서 온 동물들도 볼 수 있어요. 그중 제가 가장 좋아하는 동물은 기린이에요. 우리 가족은 나뭇잎을 먹는 기린의 모습을 *오래도록 바라보았어요. 그런데 기린의 혀가 검은색이지 뭐예요? 우리 가족은 깜짝 놀랐어요.

2문단 사육사 선생님께서 우리 가족에게 기린의 혀가 검은색인 까닭을 설명해 주셨어요. 기린이 살던 아프리카는 아주 더운 곳이래요. 그곳에서 기린은 먹이를 먹으려고 높은 곳에 열린 나뭇잎을 *기다란 혀로 감싸서 입으로 가져와야 했어요. 기린은 나뭇잎을 가져올 때마다 혀를 내밀기 때문에 긴 시간 햇빛을 받으면 혀에 *화상을 입을 수도 있었어요. 그래서 기린의 혀는 검은색이 되었어요. 햇빛으로부터 혀를 *보호하고 화상을 입지 않기 위함이지요. 정말 신기했어요.

이런 뜻이에요

- **익숙한** 어떤 것을 자주 보거나 겪어서 낯설지 않고 편한.
- **오래도록** 시간이 많이 지나도록.
- **기다란** 매우 긴.
- **화상** 불이나 뜨거운 것 등에 데어서 피부에 생긴 상처.
- **보호하고** 위험하거나 곤란하지 않게 지키고 보살피고.

1 무엇에 대해 쓴 글인가요?

기린의 혀	동물원

2 이 글에 등장한 동물을 ⟨ 보기 ⟩에서 모두 찾아 ○표 하세요.

보기

낙타	사슴	앵무새	기린	원숭이

3 이 글에 나타난 글쓴이의 행동으로 맞으면 ○표, 틀리면 ×표 하세요.

(1) 부모님과 함께 동물원에 왔다.   (   )

(2) 잠을 자는 기린의 모습을 오래도록 바라보았다.   (   )

(3) 사육사 선생님과 함께 기린에게 먹이를 주었다.   (   )

4 다음 중 사육사 선생님의 설명과 <u>다른</u> 생각을 떠올린 사람은 누구인가요? (   )

① 기린은 무더운 아프리카에서 살던 동물이구나.

② 기린의 혀가 검은색인 이유가 있구나.

③ 기린은 짧은 혀로 나뭇잎을 감싸 입으로 가져와서 먹는구나.

대화

동물원은 있어야 할까?

선생님
최근 동물의 *권리를 지키기 위해 동물원을 없애야 한다는 *의견이 있어요. 반대로 동물원이 있어야 한다는 의견도 있지요. 오늘은 동물원이 있어야 하는지에 관해 이야기해 볼까요?

찬성하는 어린이
저는 동물원이 있어야 한다고 생각해요. 동물원은 *멸종 위기에 처한 동물들을 보호해요. 또한 동물원에서 사람과 동물이 만나 함께하는 법을 배울 수 있어요.

반대하는 어린이
저는 동물원을 없애야 한다고 생각해요. 동물원은 동물들을 가두고 돈을 버는 장소예요. 그리고 아주 좁은 *우리에 갇혀 사는 동물들은 행복하지 않을 거예요.

선생님
이처럼 동물원을 두고 여러 생각을 떠올릴 수 있어요. 다른 친구들도 동물원이 필요한지에 관해 고민해 보면 좋겠어요.

이런 뜻이에요

- **권리** 어떤 일을 하거나 다른 사람에게 요구할 수 있는 정당한 힘이나 자격.
- **의견** 어떤 대상이나 현상에 대하여 가지는 생각.
- **멸종** 생물의 한 종류가 지구에서 완전히 없어짐.
- **우리** 동물을 가두어 기르는 곳.

1 이 대화의 배경이 되는 공간을 찾아 ○표 하세요.

교실	동물원

2 이 대화에서 두 어린이는 무엇을 하고 있나요? (   )

① 동물원에 가는 계획을 세우고 있다.

② 동물원에 있는 동물들을 관찰하고 있다.

③ 선생님께 동물 보호와 관련된 질문을 하고 있다.

④ 동물원이 필요한지에 대해 이야기를 나누고 있다.

3 다음 빈칸에 들어갈 내용으로 알맞은 것은 무엇인가요? (   )

> 저는 동물원을 없애야 한다고 생각해요. 왜냐하면 _____

① 동물원은 동물들의 권리를 지킬 수 있는 장소이기 때문이에요.

② 동물원은 살 곳을 잃은 동물들을 보호하는 장소이기 때문이에요.

③ 동물원에 갇혀 사는 동물들은 행복하지 않을 것이기 때문이에요.

④ 동물원에서 사람과 동물이 만나 함께하는 법을 배울 수 있기 때문이에요.

4 다음 빈칸에 들어갈 알맞은 낱말을 보기 에서 골라 쓰세요.

보기

우리   의견   멸종

(1) 동물원의 동물들은 좁은 [   ][   ]에 갇혀 있어요.

(2) 동물원은 [   ][   ] 위기에 처한 동물들을 보호해요.

(3) 동물원은 동물들을 가두고 돈을 버는 장소라는 [   ][   ][   ]이 있어요.

오늘의 낱말

다음 낱말을 소리 내어 읽어 보고 뜻을 살펴보세요.

범죄
법을 어기고 죄를 저지르는 것.

보행
걸어 다님.

사연
일어난 일의 앞뒤 사정과 까닭.

억울하다
잘못한 것도 없이 피해를 입어 속이 상하고 답답함.

오늘의 퀴즈

빈칸에 들어갈 알맞은 낱말을 ⟨ 보기 ⟩에서 골라 쓰세요.

보기

| 범죄 | 보행 | 사연 | 억울하다 |

1 복잡한 ☐☐을 알리다.

2 남몰래 ☐☐를 저지르다.

3 발목을 다쳐 ☐☐이 어렵다.

4 잘못도 없이 꾸중을 들어 ☐☐☐☐.

 미리 쌓는 배경지식

신문고

- 신문고는 조선 시대 임금이었던 태종이 백성들의 억울한 일을 해결해 주려고 대궐 밖에 걸어 놓은 북을 말해요.
- 조선 시대 백성들은 억울한 일을 당했을 때 그 일을 알리려고 신문고를 쳤어요.
- 오늘날에는 나라에서 국민들의 불편을 해소하려고 신문고를 따라서 '국민 신문고', '안전 신문고' 등을 만들어 운영하고 있어요.

사회

억울한 일을 당했다면 북을 쳐라

1문단 조선 시대 임금이었던 태종은 대궐 밖에 '신문고'라는 북을 달아 놓았어요. °억울한 일을 당한 백성들이 북을 치면, 임금이 북이 울리는 소리를 듣고 백성들의 문제를 직접 해결해 주려고 설치한 것이에요. 백성들이 대궐 밖에 있는 신문고를 치면 자신의 억울한 °사연을 임금에게 알릴 수 있었어요. 그러면 임금은 백성들의 사연을 듣고 그 문제를 해결해 주었어요.

2문단 그러나 모든 백성들이 원하는 때에 마음대로 신문고를 칠 수 있던 것은 아니었어요. 왜냐하면 신문고는 서울에 단 한 개만 설치되어 있었기 때문이에요. 그리고 신문고를 치고 임금에게 °하소연하기까지의 °절차가 매우 °엄격해서 백성들은 신문고를 함부로 칠 수 없었어요. 게다가 노비와 같이 °신분이 낮은 사람이 신분이 높은 사람의 잘못을 알리는 일에도 신문고를 사용할 수 없었어요. 백성들은 목숨이 달린 °범죄나 아주 억울한 일을 당했을 때에만 신문고를 울릴 수 있었답니다. 그래서 서울에 사는 신분 높은 °관리나 양반이 아니면 신문고를 거의 사용할 수 없었어요. 백성들에게 신문고는 아무리 마음에 들어도 사용할 수 없는 '그림의 떡'이었답니다.

이런 뜻이에요

- **억울한** 잘못한 것도 없이 피해를 입어 속이 상하고 답답한.
- **사연** 일어난 일의 앞뒤 사정과 까닭.
- **하소연** 억울하고 딱한 사정 등을 다른 사람에게 간절하게 말함.
- **절차** 일을 치르는 데 거쳐야 하는 순서나 방법.
- **엄격해서** 말, 태도, 규칙 등이 매우 엄하고 철저해서.
- **신분** 개인에게 주어졌던 지위나 서열.
- **범죄** 법을 어기고 죄를 저지르는 것.
- **관리** 나라의 일을 맡아보는 사람.

1 무엇에 대해 쓴 글인가요?

· ☐☐☐☐

2 1문단, 2문단의 중심 내용으로 알맞은 것을 줄로 이으세요.

1문단	·	·	신문고를 사용할 때의 문제점
2문단	·	·	태종이 신문고를 설치한 까닭

3 이 글에 나타난 신문고에 대한 사실로 옳은 것은 무엇인가요? (　　　)

① 각 지역마다 여러 개 설치되어 있었다.

② 서울에 사는 신분 낮은 백성들이 주로 사용하였다.

③ 신문고를 치고 임금에게 하소연하기까지의 절차가 엄격했다.

④ 백성들은 억울한 일이 생길 때마다 신문고를 울릴 수 있었다.

4 다음 설명에 해당하는 속담을 이 글에서 찾아 쓰세요.

아무리 마음에 들어도 차지하거나 이용할 수 없는 것을 가리켜 쓰는 말.

인터넷 게시 글

우리 동네가 안전하면 좋겠어요

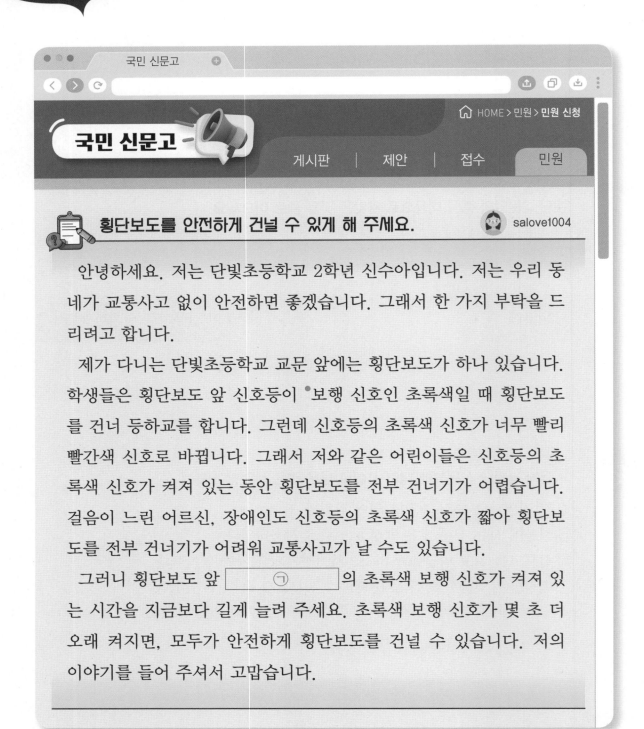

국민 신문고

HOME > 민원 > **민원 신청**

게시판 | 제안 | 접수 | 민원

📋 **횡단보도를 안전하게 건널 수 있게 해 주세요.**　　　👩 salove1004

　안녕하세요. 저는 단빛초등학교 2학년 신수아입니다. 저는 우리 동네가 교통사고 없이 안전하면 좋겠습니다. 그래서 한 가지 부탁을 드리려고 합니다.

　제가 다니는 단빛초등학교 교문 앞에는 횡단보도가 하나 있습니다. 학생들은 횡단보도 앞 신호등이 *보행 신호인 초록색일 때 횡단보도를 건너 등하교를 합니다. 그런데 신호등의 초록색 신호가 너무 빨리 빨간색 신호로 바뀝니다. 그래서 저와 같은 어린이들은 신호등의 초록색 신호가 켜져 있는 동안 횡단보도를 전부 건너기가 어렵습니다. 걸음이 느린 어르신, 장애인도 신호등의 초록색 신호가 짧아 횡단보도를 전부 건너기가 어려워 교통사고가 날 수도 있습니다.

　그러니 횡단보도 앞 [　　　㉠　　　]의 초록색 보행 신호가 켜져 있는 시간을 지금보다 길게 늘려 주세요. 초록색 보행 신호가 몇 초 더 오래 켜지면, 모두가 안전하게 횡단보도를 건널 수 있습니다. 저의 이야기를 들어 주셔서 고맙습니다.

이런 뜻이에요

● **보행** 걸어 다님.

1 ㉠에 들어갈 알맞은 낱말을 쓰세요.

2 글쓴이가 이 글을 쓴 목적은 무엇인가요? (   )

① 교통사고 없는 안전한 동네를 만들기 위해

② 횡단보도가 많은 안전한 동네를 만들기 위해

③ 모두가 함께 어울려 사는 행복한 동네를 만들기 위해

④ 횡단보도를 건널 때 서로 배려하는 행복한 동네를 만들기 위해

3 이 글에 나타난 횡단보도를 건너는 데 어려움이 있는 사람을 모두 찾아 ○표 하세요.

| 어린이 | 어르신 | 장애인 |

4 다음은 이 글을 읽고 쓴 답장이에요. 빈칸에 들어갈 말로 알맞은 것은 무엇인가요?

(   )

> 안녕하세요. 신수아 어린이가 쓴 글을 읽고, 단빛초등학교 앞 횡단보도로 찾아가 신호등의 초록색 보행 신호가 켜져 있는 시간을 확인했습니다. 그리고 초록색 보행 신호가 켜져 있는 시간이 부족함을 확인했습니다. 신수아 어린이가 제안해 준 대로 단빛초등학교 앞 신호등의 초록색 보행 신호를 _____ 바꾸기로 했습니다. 좋은 제안을 해 주어 고맙습니다.

① 길게   ② 짧게   ③ 밝게   ④ 어둡게

오늘의 낱말

다음 낱말을 소리 내어 읽어 보고 뜻을 살펴보세요.

웃어른
나이나 지위, 신분 등이 자기보다 높은 윗사람.

존댓말
사람이나 사물을 높여 이르는 말.

공경하다
윗사람을 공손히 받들어 모심.

올바르다
옳고 바름.

오늘의 퀴즈

다음 낱말과 알맞은 뜻을 줄로 이으세요.

공경하다 •

웃어른 •

존댓말 •

올바르다 •

• 옳고 바름.

• 윗사람을 공손히 받들어 모심.

• 사람이나 사물을 높여 이르는 말.

• 나이나 지위, 신분 등이 자기보다 높은 윗사람.

 미리 쌓는 배경지식

높임 표현

🌿 우리말에는 어떤 대상을 높일 때 쓰는 높임 표현이 있어요.

🌿 우리가 웃어른을 만났을 때 쓰는 존댓말(높임말)도 높임 표현 가운데 하나예요.

🌿 웃어른뿐만 아니라 처음 보는 사람이나 여러 사람에게 이야기할 때에도 예의 바르게 존댓말(높임말)을 사용하는 것이 좋아요.

예의 바르게 말해요

1문단 우리나라에는 °웃어른을 °공경하는 문화가 있어요. 이러한 문화는 우리말에도 담겨 있지요. 웃어른을 만났을 때에는 °공손한 태도로 °존댓말을 써야 한다고 배운 적이 있지요? 웃어른께는 '물어보다'라는 말 대신 존댓말인 '여쭙다'라는 말을 쓰는데, 이처럼 웃어른을 공경하는 마음을 담아 쓰는 존댓말을 '높임말'이라고 해요.

2문단 높임말은 우리말의 높임 표현 가운데 하나예요. 우리말의 높임 표현에는 웃어른을 공경하는 우리나라의 문화가 잘 드러나요. 웃어른께는 '나', '우리'라는 말 대신에 '저', '저희'라는 말을 쓰는 것도 우리말의 높임 표현 가운데 하나예요. '나'를 낮추고 상대방인 '웃어른'을 높이는 표현이랍니다.

3문단 그렇다면 다른 나라 사람에게 우리나라를 소개할 때에는 '우리나라'와 '저희 나라' 가운데 어떤 말을 써야 할까요? '우리나라'가 °올바른 표현이에요. 왜냐하면 상대에게 우리나라를 '저희'라고 낮출 필요가 없기 때문이에요. 모든 나라는 높고 낮음이 없이 °동등해요. 앞으로 다른 나라 사람에게 우리나라를 소개할 때에는 '우리나라'라는 말을 써 봐요.

이런 뜻이에요

- **웃어른** 나이나 지위, 신분 등이 자기보다 높은 윗사람.
- **공경하는** 윗사람을 공손히 받들어 모시는.
- **공손한** 말이나 행동이 겸손하고 예의 바른.
- **존댓말** 사람이나 사물을 높여 이르는 말.
- **올바른** 옳고 바른.
- **동등해요** 등급이나 정도가 같아요.

1 무엇에 대해 쓴 글인가요?

• 우리말의 | | | 표현

2 이 글에 나타난 우리말에 대한 설명으로 옳지 <u>않은</u> 것은 무엇인가요? (   )

① 상대에 따라 쓰이는 말이 다르다.

② 웃어른을 공경하는 문화가 담겨 있다.

③ 나라를 가리킬 때에는 높임말을 쓰지 않는다.

④ 웃어른을 만났을 때에는 존댓말을 쓰지 않는다.

3 이 글을 읽은 뒤 할머니께 예의 바르게 말한 어린이는 누구인가요? (   )

수빈: 할머니, 나 왔어요.

예준: 할머니, 저 가 보겠습니다.

4 다음 (   ) 안에 들어갈 알맞은 말을 골라 ○표 하세요.

(**우리나라 / 저희 나라**)는 사계절이 뚜렷해요.

예사말과 높임말

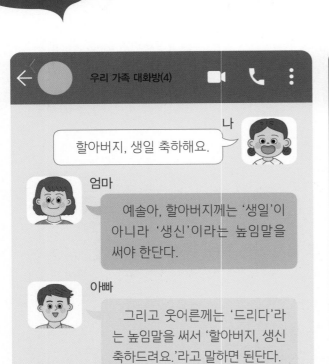

우리 가족 대화방(4)

나
할아버지, 생일 축하해요.

엄마
예솔아, 할아버지께는 '생일'이 아니라 '생신'이라는 높임말을 써야 한단다.

아빠
그리고 웃어른께는 '드리다'라는 높임말을 써서 '할아버지, 생신 축하드려요.'라고 말하면 된단다.

나
네. 이런 높임말이 또 있을까요?

엄마
그럼. 여기 검색창을 보면 확인할 수 있지.

나
할아버지, 생신 축하드려요.

할아버지
예솔아, 참 고맙다.

검색창

상대에 따라 다르게 쓰이는 우리말

우리말에는 예사말과 높임말이 있어요. 예사말이란 높이거나 낮추는 말이 아닌 보통 말을 말해요. 높임말은 상대를 높이는 말이에요. 우리말은 상대에 따라 예사말 또는 높임말을 사용해요. 예사말을 써야할 때는 또래나 아랫사람에게 말할 때예요. 높임말을 써야할 때는 윗사람에게 말할 때예요. 예사말과 높임말은 다음과 같은 표현이 있어요.

예사말	높임말
밥	진지
먹다	잡수다
이름	성함
나이	연세
말하다	말씀하다

1 이 대화로 볼 때 '나'가 축하드리고 싶은 사람은 누구인가요?

엄마	아빠	할아버지

2 이 대화에 나타난 사실로 맞으면 ○표, 틀리면 ×표 하세요.

(1) '생일'의 높임말은 '생신'이다.   (   )

(2) '축하하다'의 높임말은 '축하드리다'이다.   (   )

(3) 웃어른께는 '생일 축하해요.'라는 말을 쓴다.   (   )

3 다음 문장에서 틀린 곳을 찾아 바르게 고쳐 쓰세요.

(1) 아빠께서 밥을(를) 잡수셨다.   (   )

(2) 우리 반 선생님의 이름은 두 글자이다.   (   )

(3) 할아버지께서는 나이가 여든이 넘으셨다.   (   )

4 다음 (   ) 안에 들어갈 알맞은 말을 골라 ○표 하세요.

선생님께서 반장에게 교실 뒤편에 있는 빗자루를 가져오라고 (**말하였다** / **말씀하셨다**).

4일

오늘의 낱말

다음 낱말을 소리 내어 읽어 보고 뜻을 살펴보세요.

생물
생명이 있는 동물과 식물.

호흡
숨을 쉼.

오염되다
더러운 상태가 됨.

착용하다
옷이나 신발 등을 입거나 신거나 함.

굵게 표시된 6개의 낱말 가운데 오늘 배운 4개의 낱말에 ◯표 하세요.

오염된 공기란 더러운 **상태**가 된 공기를 말해요. 더러운 공기를 마시게 되면 **생물**의 **호흡** 기관이 병들어 건강이 나빠져요. 따라서 공기가 좋지 않은 날에는 마스크를 올바르게 **착용하고** 난 후 **외출**하는 것이 좋답니다.

미리 쌓는 배경지식

호흡 기관

- 호흡 기관은 사람이나 동물의 몸에서 숨 쉬는 일을 하는 부분이에요.
- 사람이나 동물이 살아가는 데 필요한 공기를 들이마시고 불필요한 공기를 몸 밖으로 내보내는 역할을 해요.
- 오염된 공기를 마시면 호흡 기관이 병들 수 있어요.

교과서 문해력

과학

깨끗한 공기의 소중함

1문단 공기는 우리가 살아가는 데 꼭 필요해요. 그런데 공기가 *오염되면 어떻게 될까요? 공기가 더러워지면 공기를 마시는 *생물의 건강이 나빠져요. 오염된 공기는 사람이나 동물의 몸 안에 있는 *호흡 기관에 나쁜 영향을 주어요. 숨을 쉴 때 가슴이 아프거나 기침과 열이 나는 병에 걸릴 수 있어요. 살아가는 데 공기가 필요한 식물들도 잎이 시들거나 말라 죽어요. 또한, 오염된 공기는 지구의 온도를 높여 *기후를 변하게 해요.

2문단 그렇다면 공기는 왜 오염될까요? 공장과 자동차에서 뿜어져 나오는 매연이나 쓰레기를 태울 때 나오는 연기 때문이에요. 그리고 중국의 사막에서 우리나라로 불어오는 누렇고 작은 모래 먼지인 황사도 공기를 나쁘게 해요.

2문단 오염된 공기는 여기저기 퍼져 나가요. 그러므로 더 이상 공기가 오염되지 않도록 우리 모두 노력해야 해요. 가까운 거리는 걸어서 다니기, 물건 *재활용하기, 일회용품 덜 쓰기, 나무 심기처럼 우리가 할 수 있는 일부터 실천해 보아요.

이런 뜻이에요

- **오염되면** 더러운 상태가 되면.
- **생물** 생명이 있는 동물과 식물.
- **호흡** 숨을 쉼.
- **기후** 일정한 지역에서 여러 해에 걸쳐 나타난 평균적인 날씨.
- **재활용** 쓰고 버리는 물건을 다른 데에 다시 사용하거나 사용할 수 있게 함.

1 무엇에 대해 쓴 글인가요?

· ☐☐ 오염

 2 이 글에 나타난 오염된 공기의 영향으로 맞으면 ○표, 틀리면 ×표 하세요.

(1) 지구의 온도가 낮아진다.   (   )

(2) 식물의 잎이 잘 자라난다.   (   )

(3) 사람이나 동물의 호흡 기관이 병든다.   (   )

 3 다음 설명에 해당하는 오염 물질이 나오는 곳에 ○표 하세요.

> 중국에서 우리나라로 불어오는 누렇고 작은 모래 먼지는 공기를 나쁘게 해요.

사막	자동차

 4 다음 상황에서 빈칸에 들어갈 말로 적절한 것은 무엇인가요? (   )

① 나무를 심어 보자   ② 일회용품을 더욱 쓰자

③ 물건을 재활용해 보자   ④ 가까운 거리는 걸어 다니자

카 드 뉴 스

올바른 마스크 착용법

01 마스크 사용 안내

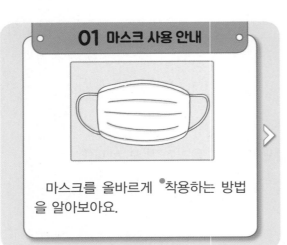

마스크를 올바르게 *착용하는 방법을 알아보아요.

02 깨끗하게 손 씻기

마스크를 착용하기 전에 비누로 손을 꼼꼼하게 씻어요.

03 코와 입을 가리고 착용하기

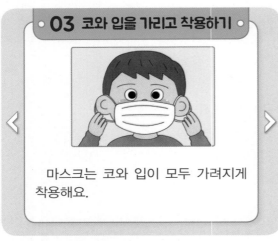

마스크는 코와 입이 모두 가려지게 착용해요.

04 마스크만 착용하기

마스크 안에 수건이나 휴지를 겹쳐 넣어서 착용하지 마세요.

05 마스크 모양을 바꾸지 않기

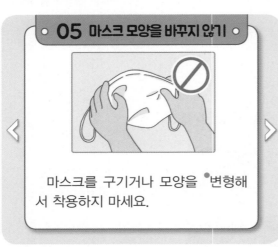

마스크를 구기거나 모양을 *변형해서 착용하지 마세요.

06 깨끗한 마스크를 착용하기

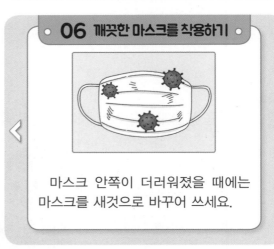

마스크 안쪽이 더러워졌을 때에는 마스크를 새것으로 바꾸어 쓰세요.

이런 뜻이에요

- **착용하는** 옷이나 신발 등을 입거나 신거나 하는.
- **변형해서** 형태나 모양, 성질 등이 달라지거나 달라지게 해서.

1 어떤 내용을 전달하는 카드 뉴스인가요?

마스크를 올바르게 착용하는 방법   마스크를 착용하면 나타나는 효과

2 이 카드 뉴스에 나타난 올바른 마스크 착용법으로 맞으면 ○표, 틀리면 ×표 하세요.

(1) 마스크의 모양을 변형해서 착용한다. ( )

(2) 마스크 안에 수건을 겹쳐 넣어서 착용한다. ( )

(3) 마스크를 착용하기 전에 비누로 손을 깨끗하게 씻는다. ( )

3 다음 중 마스크를 올바르게 착용한 상태는 무엇인가요? ( )

①    ②    ③

4 다음 글에서 은주가 마스크를 새것으로 바꾸어 착용한 까닭은 무엇인가요?

( )

은주는 잠시 마스크를 벗고 음료를 마시다가 마스크 안쪽에 음료를 쏟고 말았다. 은주는 손을 깨끗이 씻은 뒤 마스크를 새것으로 바꾸어 착용하였다.

① 마스크를 썼다 벗었기 때문에

② 마스크 안쪽이 더러워졌기 때문에

③ 마스크의 모양이 구겨졌기 때문에

④ 마스크를 더러운 손으로 만졌기 때문에

5일

오늘의 낱말

다음 낱말을 소리 내어 읽어 보고 뜻을 살펴보세요.

독립
한 나라가 다른 나라의 간섭 없이 국가의 정책 등을 결정할 수 있는 권리를 가짐.

시인
시를 짓는 사람.

형무소
죄를 지은 사람을 가두어 두고 관리하는 시설.

점령당하다
어떤 장소나 공간을 힘으로 빼앗김.

 **오늘의 퀴즈**

굵게 표시된 6개의 낱말 가운데 오늘 배운 4개의 낱말에 ○표 하세요.

　우리나라가 일본에게 **점령당했던** 때가 있었어요. 그 때문에 우리나라 사람들은 어렵고 힘든 **시절**을 보내야 했어요. 이때 윤동주 **시인**은 어린이를 위한 동시와 우리나라의 **독립**을 바라는 시를 지었어요. 하지만 결국 윤동주 시인은 일본 **형무소**에 갇혀 그곳에서 **목숨**을 잃고 말았어요.

 **미리 쌓는 배경지식**

일제 강점기

- 일제 강점기란 우리가 일본에게 강제로 나라를 빼앗긴 1910년부터 해방된 1945년까지, 우리 민족이 어려움을 겪었던 시기를 말해요.
- 일제 강점기 때 일본은 우리 민족이 우리말과 우리글을 잊어버리고 민족혼까지 잊어버리게 하려 했어요.
- 일제 강점기 때 많은 사람들이 일본에 저항하여 독립운동을 펼쳤어요.

자랑스러운 우리나라의 시인

교과서 문해력

1문단 우리나라가 일본에 *점령당했던 일제 강점기 시절, 우리나라의 *독립을 위해 시를 짓던 한 *시인이 있었어요. 바로 윤동주 시인이에요. 윤동주 시인은 우리 민족이 일제 강점기로 어둡고 어려운 시절을 보내고 있던 1917년 겨울에 태어났어요. 자라면서 문학에 관심을 가진 윤동주 시인은 연희전문학교를 다니며 여러 편의 아름다운 시를 지었어요. 학교를 졸업한 뒤 윤동주 시인은 일본으로 유학을 갔어요. 그곳에서도 윤동주 시인은 일본어가 아닌 한글로 시를 지었어요. 윤동주 시인은 한글로 시를 쓰고 *독립운동을 했다는 까닭으로 일본 *형무소에 갇혔어요. 그리고 우리나라가 독립하기 몇 달 전 그곳에서 목숨을 잃고 말았어요.

2문단 윤동주 시인은 어려운 시절에도 맑고 순수한 마음을 잃지 않았어요. 그래서 어린이를 위해 여러 편의 동시를 지었어요. 또한 우리나라 사람들의 *민족혼을 담은 시를 짓기도 했어요. 나라를 사랑하는 마음을 담아 지은 시로 우리의 민족혼을 *일깨워 주었던 윤동주 시인은 우리나라 사람들이 가장 좋아하는 시인 중 한 명이에요.

이런 뜻이에요

- **점령당했던** 어떤 장소나 공간을 힘으로 빼앗겼던.
- **독립** 한 나라가 다른 나라의 간섭 없이 국가의 정책 등을 결정할 수 있는 권리를 가짐.
- **시인** 시를 짓는 사람.
- **독립운동** 나라의 독립을 이루기 위해 벌이는 여러 가지 활동.
- **형무소** 죄를 지은 사람을 가두어 두고 관리하는 시설.
- **민족혼** 민족이 지니고 있는 고유한 정신.
- **일깨워** 알려 주거나 가르쳐서 깨닫게 해.

1 중심 내용

무엇에 대해 쓴 글인가요?

• □□□ 시인

2 세부 내용

이 글에 나타난 일제 강점기 때의 상황이 <u>아닌</u> 것은 무엇인가요? (   )

① 일본이 우리나라를 빼앗아 차지하였다.

② 우리 민족이 어렵고 어두운 시절을 보내고 있었다.

③ 나라를 되찾으려고 독립운동을 하는 사람이 있었다.

④ 일본과 다른 나라와의 전쟁에 우리나라가 참여하였다.

3 세부 내용

다음에서 윤동주 시인이 겪은 일을 차례대로 골라 (   )에 기호를 쓰세요.

> (가) 1917년에 태어났어요.
>
> (나) 일본으로 유학을 갔어요.
>
> (다) 일본 형무소에 갇혔어요.
>
> (라) 연희전문학교를 다니며 시를 지었어요.

• ((가)) → (   ) → (   ) → (   )

4 어휘·표현

다음 빈칸에 들어갈 알맞은 낱말을 보기 에서 골라 쓰세요.

보기

동시   민족혼

(1) 윤동주 시인은 어린이를 위한 □□ 를 지었어요.

(2) 윤동주 시인은 일제 강점기로 어둡고 어려운 시절을 보내고 있는 우리나라 사람들의 □□□ 을 담은 시를 지었어요.

귀뚜라미와 나와 | 윤동주

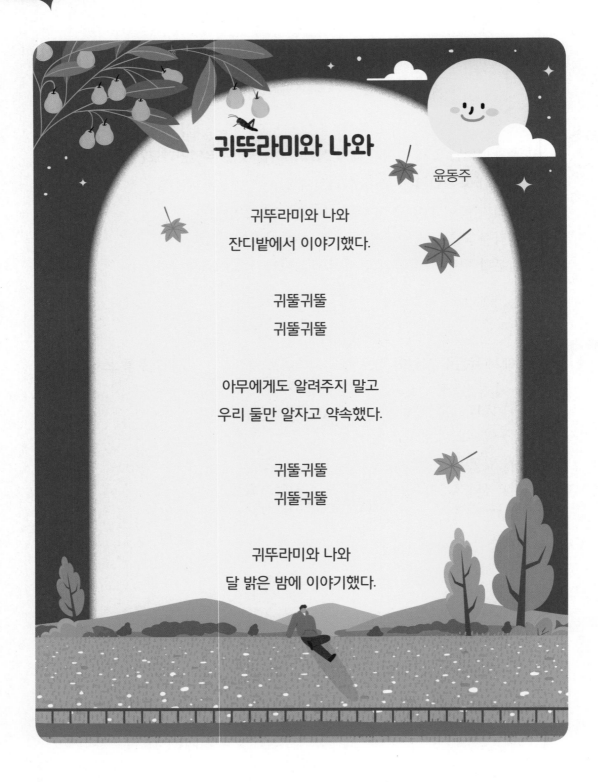

귀뚜라미와 나와

윤동주

귀뚜라미와 나와
잔디밭에서 이야기했다.

귀뚤귀뚤
귀뚤귀뚤

아무에게도 알려주지 말고
우리 둘만 알자고 약속했다.

귀뚤귀뚤
귀뚤귀뚤

귀뚜라미와 나와
달 밝은 밤에 이야기했다.

1 이 시에서 '나'는 무엇을 하고 있나요? (   )

① 귀뚜라미를 잡고 있다.

② 귀뚜라미를 찾고 있다.

③ 귀뚜라미를 그리고 있다.

④ 귀뚜라미와 이야기하고 있다.

2 이 시에서 귀뚜라미의 소리를 흉내 낸 말을 찾아 쓰세요.

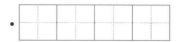

3 이 시와 어울리는 느낌은 무엇인가요? (   )

① 놀라다.

② 답답하다.

③ 평화롭다.

④ 조마조마하다.

4 이 시에 나오는 모습으로 맞으면 ○표, 틀리면 ×표 하세요.

(1) 환한 대낮에 잔디밭에 있는 귀뚜라미의 모습   (   )

(2) 잔디밭에서 소리 내고 있는 귀뚜라미의 모습   (   )

(3) 귀뚜라미에게 비밀을 말하고 있는 '나'의 모습   (   )

2주

교과서 문해력과 실생활 문해력을
한번에 키워 보세요.

일자	오늘의 낱말	오늘의 읽을거리	스스로 평가
1일	• 궁궐 • 발밑 • 한참 • 애처롭다	교과서 숙종 임금과 고양이 이야기 실생활 고양이를 주웠어요	😄 🙂 🙁
2일	• 감명 • 독서 • 인상 • 장면	교과서 책을 읽고 감상을 적어요 실생활 연두의 독서 일기	😄 🙂 🙁
3일	• 출처 • 허위 • 그럴듯하다 • 비난하다	교과서 그 뉴스는 가짜야! 실생활 태화강에 악어가 나타났다	😄 🙂 🙁
4일	• 질서 • 빗길 • 메다 • 오르내리다	교과서 비나 눈이 오면 이렇게 걸어요 실생활 안전한 학교 생활	😄 🙂 🙁
5일	• 절약 • 교환하다 • 구매하다 • 판매하다	교과서 우리 반도 절약을 실천해요 실생활 아끼던 물건을 팔아요	😄 🙂 🙁

오늘의 낱말

다음 낱말을 소리 내어 읽어 보고 뜻을 살펴보세요.

궁궐

한 나라의 임금이 사는 집.

발밑

발의 밑이나 발의 아래. 또는 그 주변.

한참

시간이 꽤 지나는 동안.

애처롭다

가엾고 불쌍하여 마음이 슬픔.

다음 낱말 퍼즐에서 오늘 배운 4개의 낱말에 ○표 하세요.

궁	중	떡	볶	이
궐	국	화	애	인
동	시	장	처	음
장	한	참	롭	발
군	글	자	다	밑

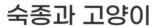 미리 쌓는 배경지식

숙종과 고양이

- 숙종은 조선 시대 때 임금이에요.
- 조선 시대 때 쓰여진 책 가운데에는 숙종이 고양이를 정성스럽게 키웠다는 이야기가 있어요.
- 이 이야기에서 고양이를 사랑한 숙종의 따뜻한 마음씨와 숙종을 향한 고양이의 충성스러운 마음을 엿볼 수 있어요.

교과서 문해력 국어

숙종 임금과 고양이 이야기

1문단 조선 시대, 숙종 임금이 정원을 걷다가 한 고양이를 발견했어요. "㉠저런, 고양이가 많이 말랐구나! 앞으로 너를 금덕이라 부를 테니 나와 함께 가자꾸나."

그렇게 고양이 금덕은 숙종 임금과 °궁궐에서 함께 살게 되었어요. 금덕은 곧 귀여운 새끼 고양이를 낳았고, 숙종 임금은 새끼 고양이에게 금묘라는 이름을 붙여 주었지요. 금덕이 죽자 숙종 임금은 슬퍼하며 장례까지 치러 주었어요. 금덕이 죽고 혼자 남은 금묘는 숙종 임금과 더욱 가까이 지냈어요. 추운 밤이면 숙종 임금 옆에서 잠을 자기도 했어요.

2문단 "감히, 임금님의 °수라상에 올릴 고기를 훔쳐 먹다니!"

그러던 중, 어느 날 금묘가 숙종 임금이 드실 음식을 몰래 먹은 것을 °들키고 말았어요. 이 때문에 금묘는 절로 쫓겨나고 말았지요. 절에서 반성하며 있던 금묘는 어느 날 숙종 임금이 돌아가셨다는 소식을 들었어요.

3문단 금묘는 3일 동안 슬프게 울었고, 이를 불쌍히 여긴 사람들이 금묘를 궁궐로 다시 데려왔어요. 금묘는 며칠 동안이나 숙종 임금이 묻힌 곳 근처에서 °애처롭게 울다가 세상을 떠났어요. 이에 감동한 사람들은 금묘를 숙종 임금의 무덤 근처에 묻어 주었어요.

이런 뜻이에요

- **궁궐** 한 나라의 임금이 사는 집.
- **수라상** 임금에게 올리는 밥상을 높여 이르던 말.
- **들키고** 숨기려던 것이 남에게 알려지고.
- **애처롭게** 가엾고 불쌍하여 마음이 슬프게.

1 이 이야기에 나오는 등장인물의 이름을 적어 보세요.

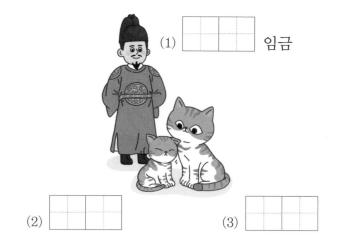

(1) ☐☐ 임금

(2) ☐☐

(3) ☐☐

2 ㉠에서 알 수 있는 숙종 임금의 마음으로 알맞은 것은 무엇인가요? (   )

① 무섭다.

② 안타깝다.

③ 행복하다.

④ 뿌듯하다.

3 다음 중 금묘가 절로 쫓겨난 까닭으로 맞으면 ○표, 틀리면 ×표 하세요.

(1) 임금 옆에서 잠을 자서   (   )

(2) 며칠 동안 슬프게 울어서   (   )

(3) 임금의 음식을 몰래 먹어서   (   )

4 다음 일이 일어난 순서를 차례대로 골라 (   )에 기호를 쓰세요.

(가) 숙종 임금이 금덕을 만났어요.

(나) 금묘가 궁궐에서 절로 쫓겨났어요.

(다) 사람들이 금묘를 숙종 임금의 무덤 근처에 묻어 주었어요.

(라) 숙종 임금이 돌아가셨다는 소식을 듣고 금묘는 슬프게 울었어요.

• ((가)   ) → (   ) → (   ) → (   )

고양이를 주웠어요

20△△ 년 ○○월 ○○일 월요일 날씨 ☀️ ⛅ 🌦️ ❄️

   오늘 공원에서 혼자 있는 새끼 고양이를 보았다. 새끼 고양이는 축 늘어져서 *바들바들 떨고 있었다. 옆에서 *한참을 기다렸지만 엄마 고양이가 돌아오지 않았다. 날씨가 쌀쌀해서 고양이가 감기에 걸릴 것 같아 걱정이 되었다. 그래서 고양이를 안고 집으로 돌아왔다.

   ㉠고양이를 멋대로 데려와서 부모님께 혼이 났지만 부모님은 나를 곧 용서해 주셨다. 왜냐하면 고양이가 부모님 *발밑에서 귀엽게 야옹야옹 울었기 때문이다. 우리 가족은 모두 고양이에게 빠져 버렸다. 이제 새끼 고양이는 '꾸미'라는 이름으로 우리 가족과 함께 하게 되었다.

이런 뜻이에요

- **바들바들** 몸을 자꾸 작게 바르르 떠는 모양.
- **한참** 시간이 꽤 지나는 동안.
- **발밑** 발의 밑이나 발의 아래. 또는 그 주변.

1 이 일기의 글쓴이가 고양이를 만난 장소를 찾아 ○표 하세요.

공원	놀이터	운동장

2 이 일기의 글쓴이가 고양이를 데려온 까닭은 무엇인가요? (   )

① 고양이가 자꾸 자신을 따라와서

② 다른 아이들이 고양이를 괴롭힐 것 같아서

③ 날씨가 쌀쌀해 고양이가 감기에 걸릴 것 같아서

④ 고양이가 차에 치이는 등 사고를 당할 것 같아서

3 글쓴이의 부모님이 ㉠과 같이 반응한 까닭을 바르게 말한 어린이는 누구인가요?

(   )

① 고양이가 발밑에서 귀엽게 야옹거렸기 때문이야.

② 동물을 사랑하는 아이의 마음이 너무 예뻤기 때문이야.

③ 고양이가 아이에게 친구가 되어 줄 것 같았기 때문이야.

4 이 글에 나타난 고양이의 이름은 무엇인가요?

2주

2일

오늘의 낱말

다음 낱말을 소리 내어 읽어 보고 뜻을 살펴보세요.

감명

잊을 수 없는 큰 감동을 느낌.

독서

책을 읽음.

인상

어떤 대상이 주는 느낌.

장면

영화, 연극, 문학 작품 등의 한 순간이나 광경.

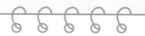

오늘의 퀴즈

굵게 표시된 6개의 낱말 중 오늘 배운 4개의 낱말에 ○표 하세요.

저는 **독서**를 하고 독서 감상문을 적어요. 독서 감상문에는 **인상** 깊게 본 **장면**을 적고, 책을 읽고 든 생각이나 느낀 점을 **기록**해요. 시간이 지난 뒤에 독서 감상문을 보면, 제가 책을 읽었을 때 느꼈던 감정과 마음이 **또렷하게** 기억나면서 책에서 **감명**을 받은 부분이 떠올라요.

 미리 쌓는 배경지식

독서 감상문

- 독서 감상문이란 책을 읽고 떠올린 생각이나 느낀 점을 자유롭게 표현하는 글을 말해요.
- 독서 감상문에는 책을 읽으면서 인상 깊었던 장면을 쓰고 자신의 생각이나 느낀 점을 기록해요.
- 친구와 독서 감상문을 바꾸어 읽으면 책에서 얻은 재미와 감동을 나눌 수 있어요.

교과서 문해력

국어

책을 읽고 감상을 적어요

1문단 °독서를 하면 다양한 이야기를 만날 수 있어요. 책을 읽으면 여러 가지 생각이 떠올라요. 그런데 책을 다 읽고 나서 바로 °책장을 덮어 버리면 자신이 했던 생각이 잘 기억나지 않을 수 있어요. 이때 독서 감상문을 쓰면 책을 읽고 든 생각과 느낌을 오랫동안 °간직할 수 있어요.

2문단 독서 감상문이란 책을 읽고 떠올린 생각이나 느낀 점을 자유롭게 표현하는 글을 말해요. 독서 감상문에는 책을 읽은 날짜, 책의 제목, 책을 읽게 된 까닭, 책의 줄거리나 °인상 깊었던 °장면 등을 적고 책을 읽고 든 생각이나 느낀 점을 기록해요.

3문단 독서 감상문을 쓰면 어떤 점이 좋을까요? 먼저 시간이 지난 뒤에도 책을 읽었을 때 자신이 느낀 감정과 마음을 또렷하게 기억할 수 있어요. 책에서 °감명을 받은 부분도 쉽게 떠올릴 수 있어요. 또한 독서 감상문을 친구와 서로 바꾸어 읽으면서 책에서 얻은 재미나 감동을 함께 나눌 수도 있어요. 그리고 자신이 책을 얼마나 자주 읽는지도 확인할 수 있지요. 독서 감상문을 쓰면 더욱 의미 있는 독서 활동을 할 수 있어요.

이런 뜻이에요

- **독서** 책을 읽음.
- **책장** 책을 이루고 있는 낱낱의 장.
- **간직할** 생각이나 기억 등을 마음속에 깊이 새겨 둠.
- **인상** 어떤 대상이 주는 느낌.
- **장면** 영화, 연극, 문학 작품 등의 한 순간이나 광경.
- **감명** 잊을 수 없는 큰 감동을 느낌.

1 무엇에 대해 쓴 글인가요?

• ☐☐☐ 감상문

 2 다음 중 독서 감상문에 쓸 수 있는 내용으로 맞으면 ○표, 틀리면 ×표 하세요.

⑴ 책의 줄거리 ( )

⑵ 책을 읽고 느낀 점 ( )

⑶ 책에서 인상 깊었던 장면 ( )

 3 이 글에 나타난 독서 감상문을 쓰면 좋은 점이 <u>아닌</u> 것은 무엇인가요? ( )

① 책을 얼마나 자주 읽는지 확인할 수 있다.

② 책에서 감명을 받은 부분을 쉽게 떠올릴 수 있다.

③ 책에서 얻은 재미나 감동을 혼자서 간직할 수 있다.

④ 책을 읽었을 때 느낀 감정을 또렷하게 기억할 수 있다.

 4 다음은 한 어린이가 쓴 독서 감상문이에요. 독서 감상문의 내용으로 알맞은 것을 줄로 이으세요.

| 앞으로는 나도 짝에게 더 잘해 주어야겠다. | • | • | 책의 내용 |

| 학교 도서관에서 《콩닥콩닥 짝 바꾸는 날》이라는 책을 발견하여 읽게 되었다. | • | • | 책을 읽게 된 까닭 |

| 이 책은 좋아하는 아이와 짝이 되기를 바라는 마음과 뜻대로 되지 않았을 때의 마음을 이야기하는 책이다. | • | • | 책을 읽고 떠올린 생각 |

독서 감상문
연두의 독서 일기

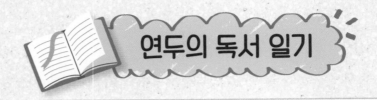

연두의 독서 일기

20△△년 ○○월 ○○일, 금요일, 날씨: 맑음

제목: 《황금 알을 낳는 암탉》을 읽고

도서관에서 《황금 알을 낳는 암탉》이라는 책을 보았다. 닭이 그려진 표지가 재미있어 보여서 책을 골라 읽었다.

이 책은 한 농부와 암탉에 관한 이야기를 다루고 있었다. 어떤 농부에게 매일 한 알씩 황금 알을 낳는 암탉 한 마리가 있었다. 농부는 암탉의 몸 안에 황금 덩어리가 있을 것이라고 생각했다. 그래서 암탉이 황금 알을 낳을 때까지 기다리지 않고, 한꺼번에 황금을 꺼내려고 암탉의 배를 °갈랐다. 하지만 암탉의 배 속은 다른 닭과 다르지 않았다. 자신의 욕심으로 암탉이 죽자 농부는 뒤늦게 눈물을 흘리며 후회했다.

이 책을 읽고, 나는 지나치게 욕심을 °부리면 좋지 않다는 것을 알게 되었다. 앞으로는 나도 더 가지기 위해 욕심 부리지 않고 주어진 것에 감사해야겠다고 생각했다.

이런 뜻이에요

- **갈랐다** 잘라서 열었다.
- **부리면** 바람직하지 못한 행동이나 성질을 계속 드러내거나 보이면.

1 연두가 읽은 책은 무엇인가요?

《다섯 알의 완두콩》   《벌거벗은 임금님》   《황금 알을 낳는 암탉》

2 연두가 이 글에서 소개한 책을 골라 읽은 까닭은 무엇인가요? (   )

① 표지가 재미있어 보여서

② 선생님께서 추천해 주셔서

③ 좋아하는 작가의 작품이어서

④ 도서관 책꽂이에 놓여 있어서

3 연두가 읽은 책의 내용으로 알맞은 것은 무엇인가요? (   )

① 농부에게는 한 쌍의 닭이 있었다.

② 암탉은 매주 한 알씩 황금 알을 낳았다.

③ 농부는 한꺼번에 많은 황금을 얻게 되었다.

④ 농부는 암탉이 죽자 눈물을 흘리며 후회했다.

4 이 글에 대한 설명으로 알맞은 것은 무엇인가요? (   )

① 낯선 지식을 알기 쉽게 설명하는 글이다.

② 어떤 문제에 대한 의견을 주장하는 글이다.

③ 책을 읽고 자신의 생각과 느낀 점을 쓴 글이다.

④ 하루 동안 겪은 일 중 인상 깊었던 일을 적은 글이다.

3일

오늘의 낱말

다음 낱말을 소리 내어 읽어 보고 뜻을 살펴보세요.

출처
말이나 사물이 생기거나 나온 곳.

허위
진실이 아닌 것을 진실인 것처럼 꾸민 것.

그럴듯하다
제법 그렇다고 여길 만함.

비난하다
다른 사람의 잘못이나 결점에 대하여 나쁘게 말함.

오늘의 퀴즈

굵게 표시된 6개의 낱말 가운데 오늘 배운 4개의 낱말에 ◯표 하세요.

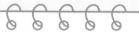

최근 **그럴듯하게** 꾸며 낸 가짜 뉴스가 많이 **퍼지고** 있어요. **허위** 정보를 담은 가짜 뉴스는 누군가를 **비난하거나** 돈을 벌기 위해 만들어져요. 뉴스를 볼 때에는 **출처**를 확인하고 제대로 된 정보가 맞는지 살펴보는 **습관**이 필요해요.

미리 쌓는 배경지식

가짜 뉴스

- 가짜 뉴스란 사실이 아닌 내용을 진짜인 것처럼 꾸며 낸 정보를 말해요.
- 최근 온라인 미디어의 발달로 온라인상에 가짜 뉴스가 많이 퍼지고 있어요.
- 가짜 뉴스는 거짓 정보를 담아 사람들에게 큰 피해를 주어요.

교과서 문해력

사회

그 뉴스는 가짜야!

1문단 우리는 신문을 읽거나 뉴스를 보며 세상의 소식을 알아요. 그런데 모든 소식들이 진실을 담고 있는 것은 아니에요. 사실이 아닌 내용을 진짜인 것처럼 꾸며서 사람들을 속이는 뉴스가 있어요. 바로 가짜 뉴스예요.

2문단 가짜 뉴스는 왜 만들어질까요? 가짜 뉴스를 이용하여 싫어하는 사람이나 *집단을 *비난하기 위해서예요. 또한, 사람들의 관심을 끌면 끌수록 돈을 벌 수 있어서 자극적인 내용을 *그럴듯하게 꾸며 내 퍼트리기도 해요.

3문단 과학 기술이 발달하면서 사진이나 영상을 *합성하고 편집하기 쉬워졌기 때문에, 가짜 뉴스는 새롭거나 놀라운 소식을 거짓으로 만들어 사람들의 흥미를 끌어요. 또한 온라인 미디어의 *발달로 거짓 정보가 빠르고 넓게 퍼질 수 있게 되어서, 최근에는 온라인상에서 가짜 뉴스를 쉽게 접할 수 있어요.

4문단 가짜 뉴스는 실제 뉴스 내용과 비슷하게 만들어져요. 그래서 사람들이 가짜 뉴스의 정보를 사실이라고 착각하기 쉬워요. 그러므로 뉴스를 볼 때에는 정보의 *출처를 확인하고, 뉴스에 어떤 *의도가 숨어 있는 것은 아닌지를 자세히 따져 보는 등 *비판적인 시각으로 꼼꼼히 살피는 것이 중요해요.

이런 뜻이에요

- **집단** 여럿이 모여 이룬 모임.
- **비난하기** 다른 사람의 잘못이나 결점에 대하여 나쁘게 말하기.
- **그럴듯하게** 제법 그렇다고 여길 만하게.
- **합성하고** 둘 이상의 것을 합쳐서 하나를 이루고.
- **발달** 학문, 기술, 문명, 사회 등의 현상이 보다 높은 수준에 이름.
- **출처** 말이나 사물이 생기거나 나온 곳.
- **의도** 무엇을 하고자 하는 생각이나 계획. 또는 무엇을 하려고 꾀함.
- **비판적인** 무엇에 대해 자세히 따져 옳고 그름을 밝히거나 잘못된 점을 지적하는.

1 무엇에 대해 쓴 글인가요?

· ⬚⬚ 뉴스

2 다음 중 가짜 뉴스가 만들어지는 까닭으로 맞으면 ○표, 틀리면 ×표 하세요.

(1) 사람들의 관심을 끌어 돈을 벌려고   (   )

(2) 세상의 소식을 빠르고 쉽게 전하려고   (   )

(3) 싫어하는 사람이나 집단을 비난하려고   (   )

3 오늘날 가짜 뉴스를 쉽게 접할 수 있는 까닭으로 알맞지 않은 것은 무엇인가요?

(   )

① 종이 신문의 발달
② 온라인 미디어의 발달
③ 사진 합성 기술의 발달
④ 영상 편집 기술의 발달

4 다음 빈칸에 들어갈 낱말로 알맞은 것은 무엇인가요?

뉴스를 읽을 때에는 _____적인 시각으로 꼼꼼히 살피는 것이 중요해요.

비난   비판

대화

태화강에 악어가 나타났다

진행자 울산광역시 태화강에 악어가 나타났다는 뉴스, 들으셨습니까?

기자 네. 누군가가 키우던 악어가 °탈출하여 울산광역시 태화강에서 살고 있다는 가짜 뉴스 말이지요? 태화강에 악어가 있다는 증거로 제시된 영상은 알고 보니 미국 플로리다키스에서 촬영된 것으로 밝혀졌습니다. 플로리다키스의 강 근처를 지나가던 한 미국인이 촬영한 영상이지요.

진행자 미국에서 살고 있는 악어가 어느새 한국에서 살고 있는 악어로 바뀌어 버린 것이네요.

기자 네. 이 가짜 뉴스 때문에 시민들이 공포에 빠지자 울산광역시 공무원은 사실을 확인하기 위해 태화강에 방문했습니다. 그 과정에서 불필요한 세금이 °낭비되었지요.

진행자 이러한 °허위 정보로 울산광역시 전체가 불안에 떨었군요. 앞으로 뉴스를 볼 때에는 그 내용이 진짜인지 좀 더 꼼꼼히 따져 봐야겠습니다.

이런 뜻이에요

- **탈출하여** 어떤 상황이나 구속 등에서 빠져나와.
- **낭비되었지요** 돈, 시간, 물건 등을 헛되이 함부로 쓰였지요.
- **허위** 진실이 아닌 것을 진실인 것처럼 꾸민 것.

2주
3일

1 이 대화에서 이야기한 악어가 실제로 사는 곳은 어디인가요?

> 울산광역시 태화강

> 미국 플로리다키스의 강

2 이 대화에 나타난 사실이 <u>아닌</u> 것은 무엇인가요? (　　　　)

① 울산광역시 태화강에 악어가 나타났다는 뉴스가 있었다.

② 뉴스의 내용을 접한 울산광역시 시민들이 공포에 빠졌다.

③ 울산광역시 공무원이 사실을 확인하려고 한강에 방문하였다.

④ 뉴스의 내용을 확인하는 과정에서 불필요한 세금이 낭비되었다.

3 이 대화로 볼 때, 다음 중 진실을 말하고 있는 어린이는 누구인가요? (　　　　)

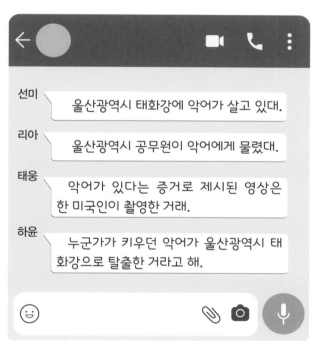

① 선미
② 리아
③ 태웅
④ 하윤

선미 울산광역시 태화강에 악어가 살고 있대.

리아 울산광역시 공무원이 악어에게 물렸대.

태웅 악어가 있다는 증거로 제시된 영상은 한 미국인이 촬영한 거래.

하윤 누군가가 키우던 악어가 울산광역시 태화강으로 탈출한 거라고 해.

4 이 대화의 목적은 무엇인가요? (　　　　)

① 버려진 악어의 주인을 찾기 위해

② 악어의 한살이 과정을 알아보기 위해

③ 시민들에게 악어를 조심하라고 전하기 위해

④ 악어가 나타났다는 뉴스가 진짜인지 알아보기 위해

4일

오늘의 낱말

다음 낱말을 소리 내어 읽어 보고 뜻을 살펴보세요.

질서

많은 사람들이 모인 곳에서 혼란스럽지 않도록 지키는 순서나 차례.

빗길

빗물로 덮이거나 비가 내리고 있는 길.

메다

물건을 어깨나 등에 올려놓음.

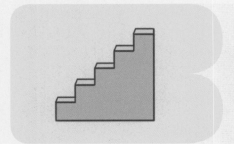

오르내리다

올라갔다 내려갔다 함.

오늘의 퀴즈

다음 낱말 퍼즐에서 오늘 배운 4개의 낱말에 ○표 하세요.

질	투	라	디	오
서	울	면	글	르
어	빗	길	시	내
린	자	연	소	리
이	루	다	메	다

미리 쌓는 배경지식

안전한 생활

- 우리의 주변 곳곳에는 자칫하면 사고로 이어질 수 있는 위험 요소들이 많아요.
  그래서 장난을 치거나 조심하지 않으면 사고가 날 수 있어요.
- 사고가 일어나면 먼저 부모님이나 선생님, 주변 어른에게 알려야 해요.
- 사고가 더 큰 사고로 이어지지 않게 대처 방법을 알아 두어야 해요.

안전한 생활

비나 눈이 오면 이렇게 걸어요

1문단 우리가 사는 지구의 날씨는 참 다양해요. 햇볕이 쨍쨍한 날이 있는가 하면, 때로는 비나 눈이 오지요. 날씨가 좋을 때에는 보행자와 운전자가 서로를 잘 보며 다닐 수 있지만, 날씨가 좋지 않을 때에는 주변을 잘 살피기 어려워요. 그래서 특히 어린이들이 걸어 다니다 사고가 나기 쉽지요. 날씨가 좋지 않을 때에는 어떻게 걸어야 안전할까요?

2문단 비가 오면 해가 구름에 가려지기 때문에 날이 어두워져요. 그러면 운전자가 횡단보도를 건너는 사람을 보지 못할 수 있어요. 그러므로 비가 오는 날에는 노란색과 같은 밝은 색 옷을 입거나 °야광 가방을 °메는 것이 좋아요. 횡단보도를 건너는 사람이 있다는 것을 운전자가 멀리서도 알 수 있게 말이지요. 또한 미끄러운 °빗길에 넘어지지 않게 평소보다 더 조심히 걸어야 해요.

3문단 눈이 오는 날에도 주변에 눈이 쌓이면 길을 걷다 미끄러워 넘어질 수 있어요. 이럴 때에는 바닥에 °홈이 파여 있는 운동화를 신으면 미끄럼을 °방지할 수 있어요. 또한, 양손을 주머니에 넣고 걷거나 뛰어가지 말아야 해요.

이런 뜻이에요

- **야광** 어두운 곳에서 빛을 냄. 또는 그런 물건.
- **메는** 물건을 어깨나 등에 올려놓는.
- **빗길** 빗물로 덮이거나 비가 내리고 있는 길.
- **홈** 물체에 오목하고 길게 팬 줄.
- **방지할** 어떤 좋지 않은 일이나 현상이 일어나지 않도록 막을.

1 이 글에서 이야기한 날씨가 <u>아닌</u> 것은 무엇인가요? (   )

①   ②   ③

 2 각 문단의 중심 내용으로 알맞은 것을 줄로 이으세요.

1문단 ·	· 날씨가 좋지 않을 때의 사고 위험
2문단 ·	· 눈이 오는 날 안전하게 걷는 방법
3문단 ·	· 비가 오는 날 안전하게 걷는 방법

 3 비가 오는 날에 밝은 색 옷을 입거나 야광 가방을 메는 까닭은 무엇인가요?

(   )

① 기온이 떨어져서 감기에 걸릴 수 있으므로
② 빗길을 걷다가 미끄러져서 넘어질 수 있으므로
③ 빗길을 뛰어다니다가 친구와 부딪힐 수 있으므로
④ 운전자가 횡단보도를 건너는 사람을 보지 못할 수 있으므로

 4 눈이 오는 날에 안전하게 걷기 위한 행동으로 맞으면 ○표, 틀리면 ×표 하세요.

(1) 빠르게 뛰어간다.   (   )

(2) 양손을 주머니에 넣지 않는다.   (   )

(3) 바닥이 평평한 운동화를 신는다.   (   )

카드 뉴스

안전한 학교 생활

01 계단에서의 생활 안전

계단을 [•]오르내릴 때에는 한 계단씩 올라가고 내려갑니다.

02 교실에서의 생활 안전

교실에서는 소리를 지르거나 뛰지 않습니다.

03 운동장에서의 생활 안전

운동장에서 친구의 얼굴을 향해 공을 차거나 집어던지지 않습니다.

04 화장실에서의 생활 안전

화장실에서는 [•]질서를 지켜 줄을 서고, 장난치지 않습니다.

05 복도에서의 생활 안전

복도에 놓인 물건을 가지고 장난치지 않습니다.

06 실내에서의 생활 안전

실내에서는 공놀이나 위험한 놀이를 하지 않습니다.

이런 뜻이에요

- **오르내릴** 올라갔다 내려갔다 할.
- **질서** 많은 사람들이 모인 곳에서 혼란스럽지 않도록 지키는 순서나 차례.

1 무엇에 관한 카드 뉴스인가요?

학교에서의 생활 안전

집 안에서의 생활 안전

2 다음 (   ) 안에 들어갈 알맞은 말을 골라 ○표 하세요.

(교실 / 운동장)에서는 소리를 지르거나 뛰지 않아야 해요.

3 다음 중 생활 안전을 올바르게 지킨 어린이는 누구인가요? (   )

① 서아: 화장실에 온 순서대로 질서를 지켜 줄을 섰어.
② 민준: 계단을 오를 때 여러 계단을 한꺼번에 올랐어.
③ 연재: 복도에 놓인 소화기를 마음대로 만지고 놀았어.
④ 서후: 운동장과 실내에서 친구들과 함께 공놀이를 했어.

4 다음 글의 빈칸에 들어갈 말로 적절한 것은 무엇인가요? (   )

"아야! 솔이야, 공을 그렇게 던지면 어떡하니? 하마터면 얼굴에 맞을 뻔했잖아."
은지가 솔이에게 말했다.
"운동장에서 피구를 하다가 한 번 잘못 친 것인데, 너무 나무라는 것 아니니?"
솔이가 투덜거렸다.
"솔이야, 운동장에서는 ＿＿＿＿＿＿＿＿＿＿＿＿＿＿＿＿＿＿＿"

① 차례대로 질서를 지켜야 해.
② 공놀이나 위험한 놀이를 하지 말아야 해.
③ 운동장에 놓인 물건으로 장난을 치지 말아야 해.
④ 친구의 얼굴을 향해 공을 집어던지지 말아야 해.

5일

오늘의 낱말

다음 낱말을 소리 내어 읽어 보고 뜻을 살펴보세요.

절약

마구 쓰지 않고 꼭 필요한 데에만 써서 아낌.

교환하다

서로 주고받음.

구매하다

상품을 삼.

판매하다

상품을 팖.

오늘의 퀴즈

빈칸에 들어갈 알맞은 낱말을 보기 에서 골라 쓰세요.

보기

| 교환 | 구매 | 절약 | 판매 |

1 지구를 위해 물을 ▢▢ 해야 해요.

2 편의점에서 ▢▢ 하는 우산을 샀다.

3 이 물건을 ▢▢ 하시면 사은품을 드려요.

4 내가 가진 장난감을 친구의 것과 ▢▢ 했다.

미리 쌓는 배경지식

아나바다 운동

- '아나바다'는 '아껴 쓰고 나눠 쓰고 바꿔 쓰고 다시 쓰기'의 앞 글자를 따서 줄여 부르는 말이에요.
- 아나바다 운동은 생활 속에서 물건을 아껴 쓰려고 만든 절약 운동이에요.
- 1990년대 우리나라 경제가 어려워지자, 온 국민들이 힘을 합쳐 아나바다 운동을 실천했어요.

우리 반도 절약을 실천해요

1문단 여러분은 '아나바다 *운동'을 알고 있나요? 아나바다 운동은 생활 속에서 물건 아껴 쓰기를 실천할 수 있는 *절약 운동입니다. '아껴 쓰고 나눠 쓰고 바꿔 쓰고 다시 쓰기'를 할 수 있는 물건을 찾자는 의미에서 앞 글자를 따 '아나바다'라는 이름이 붙여졌습니다. 아나바다 운동을 하면 자신에게 필요 없는 물건을 싼 값에 *판매하고, 대신 필요한 물건을 싼 값에 *구매할 수 있습니다. 또한 절약하여 모은 돈으로 어려운 이웃을 도울 수도 있습니다.

2문단 우리 반도 ☐ ㉠ ☐ 을 합시다. 자신이 가지고 있는 물건 중에서 쓰지 않는 것을 가져와서 친구들과 서로 필요한 물건을 *교환하면 좋겠습니다. 자신에게 필요 없는 물건을 버리기보다 필요한 사람들에게 팔거나 나누어 주면 쓰레기를 줄일 수 있습니다. 또한 물건을 사는 데 드는 돈을 아낄 수 있습니다. 물건에 대해 친구들과 이야기하며 추억을 나눌 수도 있습니다. 이제부터 매달 마지막 주 금요일마다 ☐ ㉠ ☐ 을 하는 시간을 가집시다.

이런 뜻이에요

- **운동** 어떤 목적을 이루기 위한 활동. '운동'에는 '몸을 단련하거나 건강을 위하여 몸을 움직이는 일.'이라는 뜻 외에도 이러한 뜻이 있어요.
- **절약** 마구 쓰지 않고 꼭 필요한 데에만 써서 아낌.
- **판매하고** 상품을 팔고.
- **구매할** 상품을 살.
- **교환** 서로 주고받음.

1 ㉠에 공통으로 들어갈 말은 무엇인가요?

· |　|　|　|　| 　|　|　|

 2 '아나바다'의 의미로 알맞은 것을 줄로 이으세요.

아	·		·	나눠 쓰기
나	·		·	다시 쓰기
바	·		·	바꿔 쓰기
다	·		·	아껴 쓰기

 3 다음 중 '아나바다 운동'을 하면 좋은 점이 <u>아닌</u> 것은 무엇인가요? (　　　　)

① 자신에게 필요 없는 물건을 비싸게 팔 수 있다.

② 절약하여 모은 돈으로 어려운 이웃을 도울 수 있다.

③ 친구들과 물건에 대해 이야기하며 추억을 나눌 수 있다.

④ 물건을 버리지 않고 필요한 사람에게 나누어 쓰레기를 줄일 수 있다.

 4 다음 글의 빈칸에 들어갈 낱말로 적절한 것은 무엇인가요?

> 매달 마지막 주 금요일, 2학년 1반에서 '알뜰 시장'을 엽니다. 더 이상 가지고 놀지 않는 장난감, 사용하지 않는 학용품 등을 가져와 _____하세요. 누군가에게는 필요한 물건일 수도 있습니다.

| 구매 | | 판매 |

광고

아끼던 물건을 팔아요

안녕하세요. 저는 단빛초등학교 2학년 1반 신민수입니다.

제가 *아끼던 축구공을 판매하려고 합니다. 이 축구공은 부모님께서 생일 선물로 주신 물건입니다. 지난봄에 이 공으로 친구들과 신나게 축구를 했습니다. 그래도 *거의 사용하지 않은 것처럼 깨끗해요. 이제는 더 이상 축구를 하지 않아 판매하려 합니다.

문구점에서 새 축구공을 만 오천 원에 판매하고 있는데, 저는 오천 원에 팔겠습니다. 또는 로봇 장난감을 가지고 있는 친구와 물건을 교환하고 싶습니다.

물건을 사고 싶은 친구는 저희 반으로 오세요.

이런 뜻이에요

● **아끼던** 소중히 여겨 마구 쓰지 않고 조심히 다루어 쓰던.
● **거의** 어떤 상태에 매우 가깝게.

1 민수가 판매하는 물건은 무엇인가요?

| 축구공 | 학용품 | 로봇 장난감 |

2 이 광고에서 알 수 있는 사실로 알맞은 것은 무엇인가요? (   )

① 민수는 축구공을 친구에게 선물 받았다.

② 민수는 축구공을 한 번도 사용하지 않았다.

③ 민수는 더 이상 축구를 하지 않아 축구공을 판매하려고 한다.

④ 민수에게 축구공을 구매하려면 2학년 5반으로 찾아가야 한다.

3 이 광고의 내용으로 볼 때, 다음 중 민수에게 물건을 구매하거나 교환할 수 있는 어린이는 누구인가요? (   )

① 미리: 나에게는 용돈 오천 원이 있어.

② 윤혁: 나에게는 용돈 삼천 원이 있어.

③ 해준: 나에게는 농구공이 있어.

④ 다솜: 나에게는 공룡 장난감이 있어.

4 이 광고의 목적은 무엇인가요? (   )

① 물건을 잃어버린 사람을 찾으려고 한다.

② 학교에 가져오면 안 되는 물건을 알리고자 한다.

③ 자신에게 필요한 물건이 있는 사람을 찾으려고 한다.

④ 자신에게 필요 없는 물건을 판매한다는 사실을 알리고자 한다.

3주

교과서 문해력과 실생활 문해력을
한번에 키워 보세요.

일자	오늘의 낱말	오늘의 읽을거리	스스로 평가
1일	• 경쟁하다 • 관람하다 • 건너오다 • 희귀하다	교과서 네덜란드를 뒤흔든 튤립 실생활 봄을 알리는 튤립 축제	😄 🙂 🙁
2일	• 도구 • 학급 • 반듯하다 • 흩어지다	교과서 깨끗한 교실을 위해 노력합시다 실생활 2학년 1반 학급 규칙	😄 🙂 🙁
3일	• 추수 • 거두어들이다 • 대접하다 • 풍성하다	교과서 가을의 민속 명절 실생활 세계의 명절 음식	😄 🙂 🙁
4일	• 균형 • 역할 • 민감하다 • 복용하다	교과서 자동차만 타면 울렁거리는 까닭 실생활 약, 이렇게 사용하세요	😄 🙂 🙁
5일	• 소재 • 화실 • 초상화 • 형편없다	교과서 자신만의 그림을 그린 화가 실생활 루소의 전시회에 초대합니다	😄 🙂 🙁

1일

오늘의 낱말

다음 낱말을 소리 내어 읽어 보고 뜻을 살펴보세요.

경쟁하다

어떤 분야에서 이기거나 앞서려고 서로 겨룸.

관람하다

유물, 그림, 조각과 같은 전시품이나 공연, 영화, 운동 경기 등을 구경하는 것.

건너오다

장소를 바꾸어 다른 장소로 옴.

희귀하다

많이 없거나 쉽게 만날 수 없어서 매우 특이하거나 귀함.

오늘의 퀴즈

다음 낱말과 알맞은 뜻을 줄로 이으세요.

경쟁하다	•		•	장소를 바꾸어 다른 장소로 옴.
관람하다	•		•	어떤 분야에서 이기거나 앞서려고 서로 겨룸.
건너오다	•		•	많이 없거나 쉽게 만날 수 없어서 매우 특이하거나 귀함.
희귀하다	•		•	유물, 그림, 조각과 같은 전시품이나 공연, 영화, 운동 경기 등을 구경하는 것.

  미리 쌓는 배경지식

네덜란드

● 네덜란드는 유럽 북서부에 있는 나라로, 수도는 암스테르담이에요.

● 네덜란드는 튤립과 풍차, 나막신, 치즈 등이 유명해요.

● 네덜란드를 상징하는 꽃은 튤립으로, 네덜란드에서는 매년 튤립 축제가 열려요.

네덜란드를 뒤흔든 튤립

1문단 꽃 한 송이로 집을 살 수 있다면 믿어지나요? 바로 네덜란드에서 일어났던 일이에요. 네덜란드를 상징하는 꽃인 튤립의 *원산지는 튀르키예예요. 튤립은 17세기에 튀르키예에서 네덜란드로 *건너오게 되었는데, 당시 네덜란드에서는 튤립의 인기가 대단했어요. 너도나도 튤립을 가지고 싶어 했지요. 부자들은 *희귀한 튤립을 가지려고 서로 *경쟁했고, 튤립의 가격은 점점 올랐어요. 결국 희귀한 튤립 한 송이의 가격이 한 달 만에 집 한 채의 가격과 *맞먹게 될 정도였어요. 이처럼 어떤 물건을 사고자 하는 사람이 많고, 팔고자 하는 물건이 적으면 경쟁이 일어나 물건의 가격이 올라요.

2문단 튤립의 가격이 오르자 돈을 벌려고 튤립을 튀르키예에서 가져오는 사람이 늘어났어요. 하지만 튤립의 가격이 많이 오르니 사람들은 꽃을 살 *엄두를 내지 못했어요. 튤립을 사는 사람이 적어지자 튤립의 가격은 다시 떨어졌어요. 이처럼 팔고자 하는 물건이 많고, 사고자 하는 사람이 적으면 물건의 가격이 떨어지게 돼요.

3문단 이렇게 네덜란드에서 튤립은 가격이 올랐다가 떨어지는 과정을 거쳤어요. 그러다 어느새 네덜란드를 대표하는 꽃이 되었답니다.

이런 뜻이에요

- **원산지** 동물이나 식물이 맨 처음 자라난 곳.
- **건너오게** 장소를 바꾸어 다른 장소로 오게.
- **희귀한** 많이 없거나 쉽게 만날 수 없어서 매우 특이하거나 귀한.
- **경쟁했고** 어떤 분야에서 이기거나 앞서려고 서로 겨뤘고.
- **맞먹게** 서로 같거나 비슷하게 되게.
- **엄두** 감히 무엇을 하려는 마음.

1 이 글에서 가장 중심이 되는 낱말을 ⸤ 보기 ⸥에서 찾아 쓰세요.

⸤ 보기 ⸥

부자   튤립   네덜란드   튀르키예

2 다음에서 튤립의 가격이 변한 과정을 차례대로 골라 빈칸에 기호를 쓰세요.

> (가) 사람들이 서로 튤립을 가지고 싶어 했다.
> (나) 튤립의 가격이 올랐다.
> (다) 튤립의 가격이 떨어졌다.
> (라) 튤립을 가져오는 사람이 늘어 물건이 많아졌다.

• ((가)) → (   ) → (   ) → (   )

3 다음 중 네덜란드에서 일어난 일이 <u>아닌</u> 것은 무엇인가요? (   )

① 부자들이 희귀한 튤립을 가지려고 서로 경쟁했다.
② 17세기에 튤립이 네덜란드에서 튀르키예로 건너왔다.
③ 희귀한 튤립 한 송이의 가격이 집 한 채의 가격과 맞먹게 되었다.
④ 가격이 오르내리는 과정을 거쳐 튤립은 네덜란드를 대표하는 꽃이 되었다.

4 이 글의 내용을 바탕으로 할 때, 다음 상황에서 축구공의 가격 변화를 알맞게 예측한 어린이는 누구인가요? (   )

> 민수는 사용하던 축구공을 5,000원에 팔기로 했다. 그런데 축구공을 사겠다는 친구가 여러 명이자 민수는 축구공의 판매 가격을 다시 정하기로 했다.

① 소윤: 축구공을 사려는 친구가 많으니 가격이 오를 거야.
② 선우: 축구공을 팔려는 친구가 많으니 가격이 오를 거야.
③ 승현: 축구공을 사려는 친구가 적으니 가격이 내려갈 거야.
④ 채린: 축구공을 팔려는 친구가 적으니 가격이 내려갈 거야.

봄을 알리는 튤립 축제

(가)

♡ ○ ◁   🔖

대한민국 축제알림이   4월 12일부터 5월 7일까지 충청남도 태안군 해안 공원에서 튤립 축제가 °개최됩니다. 10년 넘게 매년 열린 이 축제는 봄에 핀 튤립을 보려고 해마다 30만 명 이상의 사람들이 찾는 축제가 되었습니다. 이번 축제에서는 수선화, 팬지, 히아신스 등 다양한 꽃들도 함께 °관람하며 봄을 °만끽할 수 있습니다.

1일 전

(나)

♡ ○ ◁   🔖

함시은   지난주 토요일에는 고모와 함께 태안군에서 열린 튤립 축제에 다녀왔다. °각양각색의 튤립이 카펫을 펼쳐 놓은 듯 아름다웠다. 고모와 손을 잡고 튤립이 쭉 펼쳐진 길을 걸었다. 여기저기에서 튤립 사진을 여러 장 찍고 구경하다 보니 배가 고파져서 떡볶이와 핫도그도 사 먹었다. 즐거운 나들이였다.

30분 전

이런 뜻이에요

- **개최됩니다**   모임, 행사, 경기 등이 조직적으로 계획되어 열립니다.
- **관람하며**   유물, 그림, 조각과 같은 전시품이나 공연, 영화, 운동 경기 등을 구경하며.
- **만끽할**   느낌이나 기분을 마음껏 즐길.
- **각양각색**   여러 가지의 모양과 색깔.

1 (가)와 (나)는 무엇에 대해 쓴 글인가요?

튤립 축제   튤립의 역사   튤립의 특징

2 (가)에서 알 수 있는 내용으로 맞으면 ○표, 틀리면 ×표 하세요.

(1) 축제를 개최하는 날짜 ( )

(2) 축제를 개최하는 장소 ( )

(3) 축제를 개최하는 단체 ( )

3 (가)를 읽고 난 뒤의 반응으로 알맞은 것은 무엇인가요? ( )

① 해당 지역에서는 처음으로 튤립 축제를 개최하는군.

② 튤립 축제에는 해마다 30만 명 이상의 사람들이 다녀가는군.

③ 튤립 축제에서는 튤립뿐만 아니라 다양한 동물도 볼 수 있겠군.

④ 5월 8일에 해당 지역을 방문하면 튤립 축제를 관람할 수 있겠군.

4 (나)의 내용으로 볼 때, 다음 대화에서 시은의 대답으로 알맞지 <u>않은</u> 것은 무엇인가요? ( )

선생님: 지난주 토요일에 무엇을 했나요?

시은: _____

① 떡볶이와 핫도그를 먹었어요.

② 튤립 사진을 여러 장 찍었어요.

③ 튤립이 쭉 펼쳐진 길을 걸었어요.

④ 부모님과 함께 튤립 축제에 갔어요.

2일

오늘의 낱말

다음 낱말을 소리 내어 읽어 보고 뜻을 살펴보세요.

도구
어떤 일을 할 때 쓰이는 기구. 또는 연장.

학급
한 교실에서 공부하는 학생의 집단.

반듯하다
비뚤어지거나 굽거나 흐트러지지 않고 바름.

흩어지다
한데 모였던 것이 따로따로 떨어지거나 사방으로 퍼짐.

오늘의 퀴즈

다음 낱말 퍼즐에서 오늘 배운 4개의 낱말에 ○표 하세요.

도	자	기	저	귀
구	름	차	양	반
두	학	급	요	듯
껍	반	장	미	하
다	흩	어	지	다

미리 쌓는 배경지식

규칙

- 규칙이란 여러 사람이 다 같이 지키기로 정한 약속이나 법을 말해요.
- 여러 사람이 함께 생활하다 보면 다툼이 생길 수도 있어요. 이러한 다툼을 해결하고 질서를 유지하기 위해 사람들이 지켜야 할 기준, 즉 규칙이 필요해요.

안전한 생활

깨끗한 교실을 위해 노력합시다

1문단 우리는 매일 교실에서 많은 시간을 보내요. 교실에서 수업을 듣고 *학급 친구들과 재미있게 놀기도 하지요. 그런데 최근 들어 교실이 지저분할 때가 많아요. 책상 줄이 *삐뚤삐뚤하고 교실 바닥에 쓰레기가 떨어져 있어요. 또 *학급 문고의 책이 여기저기 *흩어져 있기도 해요. 교실이 더러워지면 보기에도 좋지 않지만, 무엇보다 교실에서 생활하는 우리의 건강이 나빠질 수도 있어요. 그러니 다 함께 힘을 합쳐 교실을 깨끗하게 청소해야 합니다.

2문단 청소를 시작하기에 앞서, 청소하기에 편한 옷을 입고 빗자루와 쓰레받기, 대걸레 등 청소 *도구를 준비해요. 그리고 창문을 열어 *탁한 공기를 맑은 공기로 바꿔요.

3문단 그런 다음, 교실 바닥의 쓰레기를 빗자루와 쓰레받기로 깨끗하게 쓸어 담아 치워요. 대걸레로 바닥을 깨끗하게 닦고 책상 줄은 *반듯하게 맞춰요. 학급 문고의 책은 한곳에 모아 순서대로 꽂아요.

4문단 청소가 마무리되면, 청소 도구를 깔끔하게 정리하고 창문을 닫아요. ㉠모두가 힘을 합쳐 청소하면 깨끗한 교실에서 건강하게 생활할 수 있어요. 이제부터 다 함께 깨끗한 교실을 위해 노력합시다.

이런 뜻이에요

- **학급** 한 교실에서 공부하는 학생의 집단.
- **삐뚤삐뚤하고** 곧거나 바르지 않고 이리저리 기울어지거나 구부러지고.
- **학급 문고** 각 학급에 갖추어 둔 책을 모아 둔 곳.
- **흩어져** 한데 모였던 것이 따로따로 떨어지거나 사방으로 퍼져.
- **도구** 어떤 일을 할 때 쓰이는 기구. 또는 연장.
- **탁한** 액체나 공기 등에 다른 물질이 섞여 흐린.
- **반듯하게** 비뚤어지거나 굽거나 흐트러지지 않고 바르게.

1 글쓴이가 이 글을 쓴 까닭은 무엇인가요? (   )

① 교실 청소를 하자고 주장하기 위해서

② 교실에 있는 청소 도구를 소개하기 위해서

③ 학급 문고를 정리하는 방법을 설명하기 위해서

④ 교실에서 일어날 수 있는 안전사고를 알리기 위해서

2 이 글에 나타난 교실의 상태로 맞으면 ○표, 틀리면 ×표 하세요.

(1) 책상 줄이 한 줄로 반듯하다.   (   )

(2) 교실 바닥에 쓰레기가 떨어져 있다.   (   )

(3) 학급 문고의 책이 가지런하게 꽂혀 있다.   (   )

3 이 글의 설명에 따라 바르게 청소하지 <u>않은</u> 어린이는 누구인가요? (   )

① 한나: 빗자루와 쓰레받기를 이용해서 바닥의 쓰레기를 치워야지.

② 재원: 청소하기 전에 창문을 열어 상쾌한 공기로 교실을 채워야지.

③ 준태: 언제 어디서든 책을 읽을 수 있게 교실 곳곳에 책을 두어야지.

④ 세은: 청소를 마쳤으니 청소함에 청소 도구를 차곡차곡 넣어 두어야지.

4 다음 중 ㉠과 의미가 <u>다른</u> 사자성어는 무엇인가요? (   )

① 동심동력: 같은 목표를 위해 다 같이 힘씀.

② 일심협력: 한마음 한뜻으로 서로 힘을 합함.

③ 오월동주: 어려운 상황에서는 원수라도 협력하게 됨.

④ 대동단결: 여러 집단이나 사람이 어떤 목적을 이루려고 크게 한 덩어리로 뭉침.

실생활 문해력

안내문

2학년 1반 학급 규칙

단빛초등학교 2학년 1반

학급 규칙

1 수업 시간에 지켜야 할 규칙

❶ 수업 시작 전 책상 위에 교과서를 미리 꺼내 놓아요.

❷ 수업 시간에 휴대폰을 사용하지 않아요.

❸ 수업 시간에 과자나 음료수를 먹지 않아요.

❹ 수업 시간에는 바른 자세로 수업을 들어요.

2 생활하면서 지켜야 할 규칙

❶ 때리지 말아요. 다툼은 대화로 해결해요.

❷ 따돌리지 말아요. 다 함께 사이좋게 지내요.

❸ 욕하지 말아요. 바르고 고운 말을 사용해요.

❹ 놀리지 말아요. 서로 격려하고 용기를 주어요.

❺ 빼앗지 말아요. 친구의 물건을 소중히 여겨요.

❻ ㉠험담하지 말아요. 잘하면 칭찬하고 못하면 도와주어요.

이런 뜻이에요

• **험담** 남의 부족한 점이나 잘못 등을 들추어 헐뜯음. 또는 그런 말.

1 이 글에서 이야기한 규칙을 지켜야 하는 장소는 어디인가요?

교실	집 안

2 다음 중 **1**번 규칙을 올바르게 지킨 행동으로 맞으면 ○표, 틀리면 ×표 하세요.

⑴ 수업 시간에 선생님 몰래 과자를 먹는다.   (   )

⑵ 수업이 시작되기 전에 교과서를 꺼내 놓는다.   (   )

⑶ 수업 시간에 친구에게 문자 메시지를 보낸다.   (   )

⑷ 수업을 들을 때 피곤하면 잠시 엎드려 있는다.   (   )

3 이 글의 **2**번 규칙을 참고할 때, 다음 대화의 빈칸에 들어갈 말로 적절한 것은 무엇인가요? (   )

> "홍시야, 네가 대희의 필통을 가져갔다가 돌려주지 않았다는 게 사실이니?"
> 선생님이 홍시에게 말했습니다. 선생님 뒤에는 대희가 눈물을 흘리고 서 있었습니다.
> "신기해서 잠깐 가져간 거예요. 대희야, 선생님께 그새 고자질했니?"
> 홍시가 삐죽대며 말했습니다. 그러자 선생님은 엄한 목소리로,
> "홍시야. 우리 학급은 ＿＿＿＿＿＿＿＿＿＿＿＿＿ 규칙을 정했잖니."
> 라고 말했습니다.

① 서로 격려하고 용기를 주기로
② 바르고 고운 말을 사용하기로
③ 친구의 물건을 소중히 여기기로
④ 잘하면 칭찬하고 못하면 도와주기로

4 다음 중 ㉠과 뜻이 반대되는 말은 무엇인가요? (   )

① 비난   ② 조언   ③ 칭찬   ④ 자랑

3일

오늘의 낱말

다음 낱말을 소리 내어 읽어 보고 뜻을 살펴보세요.

추수

가을에 논과 밭에서 잘 익은 곡식이나 작물 등을 거두어들임.

거두어들이다

농작물을 한데 모으거나 수확함.

대접하다

상대방이 마땅히 받아야 할 만한 예로 대함.

풍성하다

넉넉하고 많음.

오늘의 퀴즈

빈칸에 들어갈 알맞은 낱말을 　보기　에서 골라 쓰세요.

보기

추수　　　　거두어들이다　　　　대접하다　　　　풍성하다

1　열매를 　　　　　　.

2　추석날이라 먹을 것이 　　　　　.

3　귀한 손님에게 예를 차려 　　　　　.

4　추석 송편은 그해 가을에 　　한 쌀로 만든다.

미리 쌓는 배경지식

명절

- 🍃 명절이란 옛날부터 해마다 일정하게 돌아와 전통적으로 즐기거나 기념하는 날을 말해요.
- 🍃 우리나라의 가장 큰 명절은 설날과 추석이고, 정월 대보름과 단오도 대표적인 명절이에요.
- 🍃 세계 여러 나라에는 저마다의 명절이 있어요.

사회

가을의 민속 명절

1문단 음력 8월 15일은 우리나라를 *대표하는 명절인 추석이에요. 추석은 한가위라고도 해요. 추석이 되면 일 년 동안 농사지은 곡식을 *거두어들여 조상에게 *차례를 지내고 *성묘를 해요. 콩과 깨를 넣은 송편을 먹는 것도 추석의 큰 즐거움 중 하나예요. '추석'은 가을의 달빛이 가장 좋은 밤이라는 뜻이에요. 추석에 밤하늘을 보면 아주 크고 밝은 보름달을 볼 수 있어요. 그래서 추석에는 보름달을 보고 소원을 빌기도 하지요. *달밤에는 여러 사람이 손을 잡고 둥글게 빙글빙글 돌면서 노래를 부르는 강강술래를 하기도 한답니다.

2문단 추석과 같은 명절은 우리나라에만 있는 걸까요? 세계 곳곳 여러 나라에는 추석과 비슷한 명절이 있어요. 중국에는 중추절, 일본에는 오봉, 미국에는 *추수 감사절이 있어요. 각 나라마다 명절을 보내는 *풍습은 다르지만, 그동안 자주 만나지 못했던 가족과 만나 음식을 나누어 먹으며 이야기를 나누는 날이라는 ㉠공통점이 있어요. 우리와 멀리 떨어져 사는 다른 나라의 민족이지만, 가족과 어울려 따뜻하고 즐거운 명절을 보낸다는 점은 같답니다.

이런 뜻이에요

- **대표하는** 전체의 상태나 특징을 잘 나타내는.
- **거두어들여** 농작물을 한데 모으거나 수확하여.
- **차례** 추석이나 설날 등의 낮에 지내는 제사.
- **성묘** 조상의 산소에 가서 인사를 드리고 산소를 돌봄. 또는 그런 일.
- **달밤** 달이 떠서 밝은 밤.
- **추수** 가을에 논과 밭에서 잘 익은 곡식이나 작물 등을 거두어들임.
- **풍습** 사회에 속한 사람들에게 옛날부터 전해 오는 생활 습관.

1 무엇에 대해 쓴 글인가요?

- ☐☐ 과 세계의 명절

 2 이 글에 나타난 추석에 하는 일이 <u>아닌</u> 것은 무엇인가요? (   )

① 초승달을 보고 소원을 빈다.

② 콩과 깨를 넣은 송편을 먹는다.

③ 조상에게 차례를 지내고 성묘를 한다.

④ 여러 사람이 손을 잡고 둥글게 도는 강강술래를 한다.

3 세계 여러 나라와 그 나라의 명절로 알맞은 것을 줄로 이으세요.

미국 •   • 오봉

일본 •   • 중추절

중국 •   • 추수 감사절

 4 다음 중 ㉠의 뜻을 알맞게 짐작한 어린이는 누구인가요? (   )

미소: ㉠은 '서로 같지 않고 다른 점.'을 뜻하는 말이야.

신범: ㉠은 '여럿 사이에 서로 같은 점.'을 뜻하는 말이야.

세계의 명절 음식

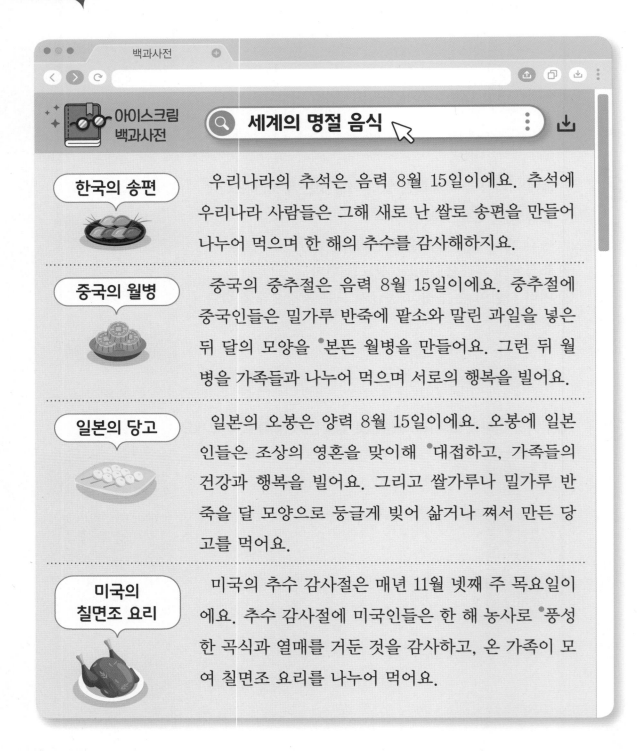

백과사전

아이스크림
백과사전

🔍 **세계의 명절 음식**

한국의 송편

우리나라의 추석은 음력 8월 15일이에요. 추석에 우리나라 사람들은 그해 새로 난 쌀로 송편을 만들어 나누어 먹으며 한 해의 추수를 감사해하지요.

중국의 월병

중국의 중추절은 음력 8월 15일이에요. 중추절에 중국인들은 밀가루 반죽에 팥소와 말린 과일을 넣은 뒤 달의 모양을 °본뜬 월병을 만들어요. 그런 뒤 월병을 가족들과 나누어 먹으며 서로의 행복을 빌어요.

일본의 당고

일본의 오봉은 양력 8월 15일이에요. 오봉에 일본인들은 조상의 영혼을 맞이해 °대접하고, 가족들의 건강과 행복을 빌어요. 그리고 쌀가루나 밀가루 반죽을 달 모양으로 둥글게 빚어 삶거나 쪄서 만든 당고를 먹어요.

미국의 칠면조 요리

미국의 추수 감사절은 매년 11월 넷째 주 목요일이에요. 추수 감사절에 미국인들은 한 해 농사로 °풍성한 곡식과 열매를 거둔 것을 감사하고, 온 가족이 모여 칠면조 요리를 나누어 먹어요.

이런 뜻이에요

- **본뜬** 있는 것을 그대로 따라서 만든.
- **대접하고** 상대방이 마땅히 받아야 할 만한 예로 대하고.
- **풍성한** 넉넉하고 많은.

1 세계 여러 나라와 그 나라의 명절 음식으로 알맞은 것을 줄로 이으세요.

한국 ·		· 월병
중국 ·		· 당고
일본 ·		· 송편
미국 ·		· 칠면조 요리

2 다음 중 각 나라의 명절 날짜를 <u>잘못</u> 소개한 어린이는 누구인가요? (   )

① 동훈: 한국의 추석은 음력 8월 15일이야.
② 아야: 일본의 오봉은 양력 8월 15일이야.
③ 밍밍: 중국의 중추절은 양력 8월 15일이야.
④ 토니: 미국의 추수 감사절은 11월 넷째 주 목요일이야.

3 이 글의 내용으로 알맞지 <u>않은</u> 것은 무엇인가요? (   )

① 중국에서는 달의 모양을 본떠 만든 음식을 먹는다.
② 한국에서는 작년에 보관한 쌀로 만든 음식을 먹는다.
③ 일본에서는 조상의 영혼을 맞이해 대접하는 날을 지낸다.
④ 한국과 미국은 모두 한 해의 추수를 감사하는 날을 지낸다.

4 다음 일기의 내용으로 볼 때, 일기를 쓴 어린이가 사는 곳은 어디인가요?

오늘은 즐거운 명절이다. 친척들을 오랜만에 만나서 무척 반가웠다. 나는 가족들과 쌀가루 반죽을 달 모양으로 둥글게 빚어 삶은 명절 음식을 만들었다. 우리 가족은 명절 음식을 나누어 먹고 서로의 건강과 행복을 빌었다.

중국	일본	미국

4일

오늘의 낱말

다음 낱말을 소리 내어 읽어 보고 뜻을 살펴보세요.

균형
어느 한쪽으로 기울거나 치우치지 않은 상태.

역할
맡고 있는 기능이나 작용.

민감하다
어떤 자극에 대한 반응이 매우 날카롭고 빠름.

복용하다
약을 먹음.

오늘의 퀴즈

다음 낱말 퍼즐에서 오늘 배운 4개의 낱말에 ○표 하세요.

역	할	아	기	지
사	머	침	복	우
언	니	행	용	개
매	일	회	하	균
민	감	하	다	형

미리 쌓는 배경지식

멀미

- 멀미란 자동차나 배 등을 탔을 때 우리 몸이 흔들리면서 나타나는 몸의 반응이 에요.
- 멀미가 나면 어지럽거나 머리가 아프고 구역질이 날 수 있어요.
- 멀미가 나기 전에 약을 먹거나, 먼 곳을 바라보면 멀미를 예방할 수 있어요.

교과서 문해력

과학

자동차만 타면 울렁거리는 까닭

1문단 우리 몸에서 귀는 소리를 듣는 *역할을 해요. 그런데 귀는 소리를 듣는 것 외에도 우리 몸에서 중요한 일을 맡고 있어요. 귀는 우리의 몸이 *균형을 잡을 수 있게 도와주어요. 귀 안쪽에는 반고리관과 전정기관이라는 부분이 있어요. 반고리관과 전정기관에는 림프액이라는 *액체가 있는데, 우리의 몸이 흔들리면 림프액도 함께 찰랑찰랑 흔들리면서 몸이 균형을 잡도록 도와주어요.

2문단 우리 몸에 있는 눈과 발바닥도 몸이 넘어지지 않도록 도와주어요. 눈은 흔들리는 물체가 보이면 균형을 잡아야 한다는 신호를 뇌로 보내요. 또 몸이 흔들리면 발바닥 또한 균형을 잡아야 한다는 신호를 뇌로 보내지요. 하지만 눈과 발바닥에서 보내는 신호는 귀가 보내는 신호보다는 덜 *민감해요.

3문단 멀미가 나는 까닭은 바로 이와 관련 있어요. 쌩쌩 달리는 자동차나 *넘실넘실 파도를 타는 배 안에서 눈과 발바닥이 아직 흔들림을 알아차리지 못했을 때, 귀는 몸이 흔들리고 있다는 것을 민감하게 알아차려요. 이 차이 때문에 뇌가 혼란을 느껴 ㉮속이 *울렁거리고 머리가 아프게 되는 것이에요.

이런 뜻이에요

- **역할** 맡고 있는 기능이나 작용.
- **균형** 어느 한쪽으로 기울거나 치우치지 않은 상태.
- **액체** 물, 기름과 같이 부피가 있으나 일정한 형태가 없으며 흐르는 성질이 있는 물질.
- **민감해요** 어떤 자극에 대한 반응이 매우 날카롭고 빨라요.
- **넘실넘실** 넓은 강이나 바다의 물결이 파도를 이루어 아래위로 크게 흔들거리는 모양.
- **울렁거리고** 속이 메스꺼워 자꾸 토할 것 같아지고.

1 이 글에서 설명하고 있는 것은 무엇인가요? (   )

① 멀미가 나는 까닭

② 몸이 자꾸 흔들리는 까닭

③ 흔들리는 물체를 잘 보는 방법

④ 교통수단을 안전하게 타는 방법

 2 이 글의 내용으로 알맞지 <u>않은</u> 것은 무엇인가요? (   )

① 귀 안쪽에는 반고리관과 전정기관이 있다.

② 귀, 눈, 발바닥은 몸이 균형을 잡도록 돕는다.

③ 흔들리는 물체가 보이면 눈은 뇌를 향해 신호를 보낸다.

④ 귀 안쪽에 있는 림프액이 흔들리면 몸이 균형을 잃는다.

 3 이 글의 내용을 바탕으로 하여, 다음 ㉠과 ㉡에 들어갈 알맞은 말을 　보기　에서 모두 골라 쓰세요.

보기

귀　　　눈　　　뇌

　자동차나 배를 탔을 때 속이 울렁거리는 까닭은 ㉠이(가) ㉡보다 몸이 흔들리고 있다는 것을 민감하게 알아차려서 그 차이로 뇌가 혼란을 느끼기 때문이에요.

• ㉠: (　　　　　　　　　　), ㉡: (　　　　　　　　　　)

 4 다음 중 ㉮의 뜻을 알맞게 짐작한 어린이는 누구인가요? (   )

세희: ㉮는 멀미가 나게 되었다는 뜻인 것 같아.

래현: ㉮는 귀가 더 민감해졌다는 뜻인 것 같아.

의약품 사용 안내서

약, 이렇게 사용하세요

멀미약을 올바르게 사용하는 법

 삼키는 약

- 삼키는 멀미약은 자동차나 배를 타기 30분에서 1시간 전에 미리 1알을 ㉠드세요.
- 멀미약을 추가로 드시려면 4시간이 지난 뒤 드세요.

🚨 주의 사항

- 3세가 되지 않은 어린이는 *복용하면 안 돼요.
- 멀미가 심하더라도 약을 하루에 3알 이상 복용하는 것을 피하세요.
- 멀미약을 감기약 등 다른 약과 함께 복용할 경우 의사와 이야기해야 해요.
- 멀미약을 복용하면 졸음이 올 수 있어 운전 등 주의를 기울여야 하는 활동을 할 때는 복용하면 안 돼요.

 붙이는 약

- 붙이는 멀미약은 귀 뒤쪽에 털이 없는 *건조한 피부 위로 붙이세요.
- 자동차나 배를 타기 4시간 전에 붙이세요.
- 양쪽 귀에 모두 붙이지 말고 한쪽 귀에 1개만 붙이세요.

🚨 주의 사항

- 16세 이상만 사용할 수 있어요. 어린이가 사용하려면 의사와 이야기해야 해요.

이런 뜻이에요

- **복용하면** 약을 먹으면.
- **건조한** 말라서 물기나 습기가 없는.

1 무엇에 대해 쓴 글인가요?

• ☐☐☐☐ 사용법

2 이 안내서를 올바르게 이해한 어린이는 누구인가요? (   )

① 한나: 5세 어린이는 멀미약을 먹어서는 안 돼.

② 지영: 멀미가 심할 때에는 약을 3알 먹는 것이 좋겠어.

③ 이서: 멀미약을 감기약과 함께 먹을 경우 의사와 이야기해야 해.

④ 현진: 운전 중에 멀미가 나는 것을 막으려면 미리 약을 먹어야 해.

3 이 안내서에 나타난 붙이는 약의 사용법으로 맞으면 ○표, 틀리면 ×표 하세요.

⑴ 양쪽 귀에 1개씩 좌우로 붙여야 한다.   (   )

⑵ 자동차나 배를 타기 30분 전에 붙여야 한다.   (   )

⑶ 약을 추가로 붙이려면 4시간이 지나야 한다.   (   )

⑷ 어린이는 의사와 이야기하지 않으면 사용할 수 없다.   (   )

4 다음 중 ㉠과 바꾸어 쓸 수 <u>없는</u> 말은 무엇인가요? (   )

① 뱉으세요

② 먹으세요

③ 삼키세요

④ 복용하세요

다음 낱말을 소리 내어 읽어 보고 뜻을 살펴보세요.

소재
예술 작품을 만드는 데 바탕이 되는 대상.

화실
화가가 그림을 그리는 등의 일을 하는 방.

초상화
사람의 얼굴이나 모습을 그린 그림.

형편없다
결과나 상태, 내용 등이 매우 좋지 못함.

오늘의 퀴즈

굵게 표시된 6개의 낱말 중 오늘 배운 4개의 낱말에 ◯표 하세요.

> 그림을 그릴 때에는 가장 먼저 그림의 **소재**를 골라야 해요. 풍경을 소재로 그림을 그리면 **풍경화**가 되고, 어떤 사람의 얼굴을 소재로 그림을 그리면 **초상화**가 돼요. 그림은 집에서 그릴 수도 있고, **화실**에서 그릴 수도 있어요. 그림을 어디에서 그리든지 **형편없다는** 소리를 듣지 않으려면 **집중해서** 그려 보세요.

미리 쌓는 배경지식

극본

- 극본이란 연극이나 드라마 등을 만들기 위해 쓴 글을 말해요.
- 극본에는 등장인물의 대사뿐만 아니라 무대의 배경을 설명하는 해설과 인물의 행동, 표정, 몸짓을 나타내는 지문이 쓰여 있어요.

자신만의 그림을 그린 화가

1문단 루소는 프랑스에 있는 자신의 •화실에 앉아 있다. 루소의 앞에는 •후원자가 앉아 있다. 루소는 후원자를 그리고 있다.

후원자: (기대되는 목소리로) 저의 •초상화가 거의 완성되었네요. 어떻게 그려졌을지 정말 기대됩니다.

루소: 한번 보시겠어요? 잘 그려진 것 같군요.

후원자: 어디 한번……. (화난 목소리로) 아니, 이게 뭐야! 당신의 그림 실력은 정말 •형편없어요.

루소: (당황스러운 표정으로) 어떻게 그런 소리를 하실 수 있나요? 이 그림은 훌륭한 작품이에요.

후원자: 됐어요. ㉠이런 그림은 불태워 없애버려요!

루소: (슬퍼하며) 예술을 이해하지 못하는군요. 그래도 저는 계속 그림을 그릴 것입니다.

2문단 루소는 전시회에서 신문 기자와 이야기하고 있다.

루소: 저는 미술 학교에서 공부하거나 화가에게 그림을 배우지는 않았습니다. 저의 스승은 자연이에요. 자연을 관찰하고 그릴 때 저는 가장 행복합니다.

신문 기자: 당신의 그림은 서툴게 보이지만, 때가 묻지 않은 순수함이 담겨 있어요. 다들 당신의 그림을 좋아해요.

루소: (자랑스러운 목소리로) ㉡처음에는 사람들이 제가 그린 그림이 이상하다며 •흉봤어요. 하지만 저는 끝까지 그림을 포기하지 않았어요. 덕분에 이렇게 그림 전시회를 열 수 있었지요!

이런 뜻이에요

- **화실** 화가가 그림을 그리는 등의 일을 하는 방.
- **후원자** 뒤에서 도와주는 사람.
- **초상화** 사람의 얼굴이나 모습을 그린 그림.
- **형편없어요** 결과나 상태, 내용 등이 매우 좋지 못해요.
- **흉봤어요** 남의 결점을 들어 말했어요.

1 이 글에 등장하는 인물에 모두 ○표 하세요.

| 루소 | 루소의 스승 | 신문 기자 |

2 이 글에서 후원자가 ㉠과 같이 말한 까닭으로 맞으면 ○표, 틀리면 ×표 하세요.

(1) 루소가 그린 자신의 초상화가 마음에 들지 않아서　　　　　　(　　　)

(2) 예술을 제대로 이해하지 못하는 루소에게 화가 나서　　　　　(　　　)

3 이 글의 내용으로 알맞지 <u>않은</u> 것은 무엇인가요? (　　　)

① 루소는 그림 전시회를 열었다.
② 루소는 미술 학교에서 그림을 공부했다.
③ 루소는 자연을 관찰하여 그림을 그렸다.
④ 루소는 사람들의 초상화를 그리기도 했다.

4 다음에서 ㉡과 가장 어울리는 사자성어는 무엇인가요? (　　　)

① 대동소이: 큰 차이 없이 거의 같음.
② 청출어람: 제자가 가르친 스승보다 나음.
③ 일거양득: 한 가지 일을 하여 두 가지의 이익을 얻음.
④ 마이동풍: 남의 말을 귀담아듣지 않고 지나쳐 흘려버림.

루소의 전시회에 초대합니다

프랑스의 위대한 화가 루소 특별 전시회

루소(Rousseau)는 1844년에 프랑스에서 태어났어요. 루소는 미술 학교에서 그림을 배운 적이 없었고, 이 때문에 사람들의 비웃음을 받기도 했어요. 하지만 사람들은 점차 그가 그린 그림의 가치를 알아보게 되었어요. 루소는 1910년 66세의 나이로 사망했어요. 루소가 죽은 뒤에 루소의 그림은 더 높은 평가를 받았어요.

대표 작품 안내

작품명 〈나 자신, 초상과 풍경〉

루소는 주로 주말에 그림을 그리고, •평일에는 •세관의 직원으로 일했어요. 그래서 루소는 '일요일의 화가'라는 별명으로 불리기도 했어요. 이 그림은 루소가 화가로서의 자신의 모습을 그린 것이에요.

작품명 〈꿈〉

루소는 평생 프랑스를 떠난 적이 없었지만, 외국에서 온 식물들을 관찰하며 정글을 •소재로 여러 그림을 그렸어요.

ⓒ

작품명 〈쥐니에 신부의 마차〉

루소는 이웃들과 정답게 지냈어요. 이 그림은 '쥐니에'라는 이웃의 부탁을 받아 마차에 타고 있는 이웃들을 그린 것이에요.

이런 뜻이에요

- **평일** 토요일, 일요일, 공휴일이 아닌 보통 날.
- **세관** 나라 안팎으로 오고 가는 물건을 검사, 단속하고 세금을 물리는 국가 기관.
- **소재** 예술 작품을 만드는 데 바탕이 되는 대상.

1 루소가 태어난 곳은 어디인가요?

| 미국 | 영국 | 프랑스 |

2 다음 중 이 안내서에서 알 수 <u>없는</u> 것은 무엇인가요? (   )

① 루소의 생일
② 루소의 직업
③ 루소의 외모
④ 루소의 별명

3 다음 중 ㉠에 들어갈 미술 작품으로 알맞은 것은 무엇인가요? (   )

①    ②    ③

4 다음 중 이 안내서를 보고 루소에 대해 알맞게 말한 어린이는 누구인가요? (   )

①
루소는 정글을 여행한 경험을 소재로 여러 그림을 그렸어.

②
루소의 그림은 그가 죽은 뒤에야 사람들에게 더 높은 평가를 받았어.

③
루소의 그림에는 사람과의 만남이 없어서 외로웠던 루소의 마음이 잘 나타나 있어.

4주

교과서 문해력과 실생활 문해력을
한번에 키워 보세요.

일자	오늘의 낱말	오늘의 읽을거리	스스로 평가
1일	• 인공 • 해충 • 잡아채다 • 못마땅하다	교과서 미움받는 거미 실생활 거미줄의 재발견	😄 🙂 ☹️
2일	• 버릇 • 불행 • 행운 • 불길하다	교과서 숫자를 둘러싼 생각들 실생활 특별한 숫자 '3'	😄 🙂 ☹️
3일	• 기념하다 • 선언하다 • 위로하다 • 추모하다	교과서 나라에서 축하하는 날 실생활 국경일과 기념일	😄 🙂 ☹️
4일	• 사물 • 실감 • 흉내 • 생생하다	교과서 글을 생생하게 표현하는 방법 실생활 오리 ㅣ 권태응	😄 🙂 ☹️
5일	• 갈증 • 충치 • 치아 • 상큼하다	교과서 탄산음료가 건강에 미치는 영향 실생활 치아 건강을 지키는 방법	😄 🙂 ☹️

4주

1일

오늘의 낱말

다음 낱말을 소리 내어 읽어 보고 뜻을 살펴보세요.

인공
자연적인 것이 아니라 사람의 힘으로 만들어 낸 것.

해충
사람에게 해를 끼치는 벌레.

잡아채다
재빠르게 잡아서 세게 당김.

못마땅하다
별로 마음에 들지 않아 꺼림칙함.

오늘 배운 낱말을 참고하여 밑줄 친 부분을 바르게 고쳐 쓰세요.

예시

미술 준비물을 놓고 와서 집으로 다시 돌아가요.

놓	고

4주
1일

1 정원사는 <u>해중</u>을 없애기 위해 약을 뿌렸다.

2 <u>잉공</u> 연못에 물고기가 떠놀고 있다.

3 친구의 태도가 <u>목마땅</u>하다.

4 가방을 <u>자바</u>채다.

미리 쌓는 배경지식

거미

- 거미는 몸에서 뿜어내는 거미줄로 그물을 쳐서 벌레를 잡아먹고 사는 동물이에요.
- 거미는 사람에게 해로운 벌레들도 잡아먹어서 우리 생활에 도움을 주기도 해요.
- 거미줄은 같은 굵기의 강철보다 더 강해요. 인공 거미줄을 활용해서 튼튼한 제품을 만들 수도 있어요.

미움받는 거미

1문단 어떤 마을에 모두의 미움을 받는 거미가 있었어요. 마을 사람들은 ㉠슬금슬금 남몰래 기어다니는 거미를 *소름이 *끼치는 존재라고 생각했어요. 마을 여기저기에 거미줄을 쳐 놓는 거미를 *못마땅하게 여겼지요. 어느 날 누군가가 불평했어요.

"온통 거미줄 투성이군. 거미는 정말 쓸모없는 녀석이야. 우리 마을에서 내쫓아 버립시다!"

마을 사람들은 너도나도 고개를 끄덕였어요.

2문단 탁자 구석에서 *숨죽여 마을 사람들의 이야기를 듣고 있던 거미가 말했어요.

㉡"사람들이 나를 이렇게나 싫어하다니. 더 이상 이 마을에 있고 싶지 않아."

거미는 그동안 마을에 쳐 놓았던 거미줄을 모두 먹어 버리고는 마을을 떠났습니다.

3문단 "요즘 왜 이렇게 *해충이 많은 거지? 밤새 벌레들에게 물렸어."

거미가 떠나자 마을에는 해충이 늘어났어요. 그동안 거미가 해충을 잡아먹고 있었는데, 이제 거미가 없기 때문이었어요. 사람들은 뒤늦게 후회했지만 거미는 이미 마을을 떠나 버린 뒤였어요.

이런 뜻이에요

- **소름** 춥거나 무섭거나 징그러울 때 살갗이 오그라들며 겉에 좁쌀 같은 것이 도톨도톨하게 돋는 것.
- **끼치는** 소름이 한꺼번에 돋아나는.
- **못마땅하게** 별로 마음에 들지 않아 꺼림칙하게.
- **숨죽여** 숨을 쉬는 소리조차 들리지 않게 조용히.
- **해충** 사람에게 해를 끼치는 벌레.

세부 내용

1 이 글의 마을 사람들이 거미를 못마땅하게 여긴 까닭은 무엇인가요? (   )

① 거미가 사람들의 일을 돕지 않고 놀았기 때문에

② 거미가 마을 곳곳에 거미줄을 쳐 놓았기 때문에

③ 거미가 마을에 친 거미줄을 모두 먹어 버렸기 때문에

④ 거미가 마을 사람들의 이야기를 남몰래 엿들었기 때문에

내용 추론

2 이 글을 읽고 난 뒤의 반응으로 맞으면 ○표, 틀리면 ×표 하세요.

⑴ 자신을 싫어하는 마을 사람들에게 나쁜 마음을 품은 거미가 마을에 해충들을
풀어놓고 가버렸군.   (   )

⑵ 그동안 거미가 마을의 해충을 잡아먹고 있었는데 마을 사람들은 그 사실도 모
르고 거미를 미워했군.   (   )

어휘·표현

3 ㉠의 뜻으로 알맞은 것은 무엇인가요? (   )

① 굼뜨고 거추장스럽게 잇따라 움직이는 모양.

② 작은 물건이 매달려 가볍게 잇따라 흔들리는 모양.

③ 키가 작은 사람이나 동물이 이리저리 찬찬히 걷는 모양.

④ 남이 알아차리지 못하도록 눈치를 살펴 가면서 슬며시 행동하는 모양.

내용 추론

4 ㉡에서 거미는 어떤 마음이었을까요? (   )

① 재밌다.

② 슬프다.

③ 행복하다.

④ 지루하다.

실생활

아이스크림 어린이 신문

'인공 ㉠ 로 만든 제품들

공원을 걷다 보면 거미줄을 자주 볼 수 있습니다. 얇은 실처럼 보이는 이 거미줄은 생각보다 매우 튼튼합니다. 거미줄은 같은 •굵기의 강철보다 몇 배 이상 더 강합니다. 거미줄을 밧줄 두께로 만들면 날아가는 비행기를 •잡아챌 수 있을 정도라고 합니다.

최근 이러한 거미줄을 활용하여 •군복을 만드는 미국의 한 회사가 있습니다. 이 회사는 인공 거미줄로 만든 •방탄복을 미국 군대에 제공했습니다. 이외에도 인공 거미줄은 타이어, 신발, 옷을 만드는 데 사용되고 있습니다. 인공 거미줄을 이용하여 만든 제품은 가볍고 튼튼하여 우리가 생활하는 데 도움을 줍니다. 게다가 제품을 다 쓰고 난 뒤 땅에 묻으면, 제품이 쉽게 •분해되어 흙으로 돌아가기 때문에 환경 보호에도 도움이 됩니다. 이와 같은 ㉡•일석이조의 기능이 있는 인공 거미줄의 활약이 앞으로도 기대됩니다.

이런 뜻이에요

- **인공** 자연적인 것이 아니라 사람의 힘으로 만들어 낸 것.
- **굵기** 물건의 둘레나 너비가 큰 정도.
- **잡아챌** 재빠르게 잡아서 세게 당길.
- **군복** 군인들이 입는 옷.
- **방탄복** 날아오는 총알이나 대포알로부터 몸을 보호하기 위해 입는 옷.
- **분해되어** 여러 부분으로 이루어진 것이 그 부분이나 성분으로 따로따로 나뉘어.
- **일석이조** 돌 한 개를 던져 새 두 마리를 잡는다는 뜻으로, 동시에 두 가지 이익을 얻음.

1 ㉠에 들어갈 말은 무엇인가요?

· □□□□

2 이 글을 쓴 목적은 무엇인가요? (   )

① 읽는 사람을 설득하기 위해

② 한 인물의 생애를 소개하기 위해

③ 하루에 있었던 일을 정리하기 위해

④ 사람들에게 정보를 알려 주기 위해

3 이 글에 나타난 거미줄에 관한 사실로 알맞은 것은 무엇인가요? (   )

① 희지: 인공 거미줄로 만든 제품은 쉽게 망가지는군.

② 윤상: 같은 두께라면 거미줄이 강철보다 튼튼하겠군.

③ 해경: 한국의 군인들은 인공 거미줄로 만든 방탄복을 입는군.

④ 소해: 거미줄을 굵게 만들어도 날아가는 비행기를 잡아채긴 어렵겠군.

4 ㉡과 비슷한 뜻을 가진 속담이 <u>아닌</u> 것은 무엇인가요? (   )

① 꿩 먹고 알 먹기

② 병 주고 약 주기

③ 도랑 치고 가재 잡고

④ 마당 쓸고 동전 줍고

2일

오늘의 낱말

다음 낱말을 소리 내어 읽어 보고 뜻을 살펴보세요.

버릇
오랫동안 자꾸 반복하여 몸에 익숙해진 성질이나 행동.

불행
운이 없음. 좋지 않은 일을 당함.

행운
좋은 운수. 또는 행복한 운수.

불길하다
운이 좋지 않고 나쁜 일이 생길 것 같은 느낌이 있음.

 **오늘의 퀴즈**

다음 낱말과 알맞은 뜻을 줄로 이으세요.

버릇	좋은 운수. 또는 행복한 운수.
불행	운이 없음. 좋지 않은 일을 당함.
행운	운이 좋지 않고 나쁜 일이 생길 것 같은 느낌이 있음.
불길하다	오랫동안 자꾸 반복하여 몸에 익숙해진 성질이나 행동.

미리 쌓는 배경지식

속담과 숫자

- 속담이란 옛날부터 사람들 사이에서 전해져 오는 교훈이 담긴 짧은 말이에요.
- 숫자는 개수를 세는 데 쓰이지만, 그 외에 다른 의미를 담고 있기도 해요.
- 우리말 속담에는 숫자 '3'과 관련된 속담이 많아요. 여기에는 옛날부터 숫자 '3'을 중요하게 여긴 우리 조상들의 생각이 담겨 있어요.

교과서 문해력

사회

숫자를 둘러싼 생각들

1문단 숫자 '7'을 보면 떠오르는 말이 있나요? 바로 '*행운의 숫자'예요. 숫자 '7'은 동양과 서양에서 행운의 숫자라고 여겨져요. 그렇다면 반대로 '*불행의 숫자'는 무엇일까요? 한자를 쓰는 나라에서는 숫자 '4'가 '죽을 사(死)'와 소리가 같다고 해서 이를 *불길한 숫자라고 여기기도 해요. 이처럼 사람들은 숫자에 특별한 의미를 담아 생각한답니다.

2문단 숫자에 의미를 담는 일은 일상생활에도 영향을 미쳐요. 생활에서 숫자 '4'를 사용하는 것이 불길하다고 하여, 어떤 엘리베이터에서는 '4층'을 'F층'이라고 *표시하기도 해요. 'F층'의 'F'는 숫자 '4'를 뜻하는 영어 단어 'Four'의 앞 글자를 딴 거예요.

3문단 나라마다 특별하게 생각하는 숫자도 달라요. 중국에서는 숫자 '8'을 무척 좋아해요. 그래서 중국에서는 베이징 올림픽을 2008년 8월 8일 오후 8시 8분에 개최하기까지 했어요. 베트남과 태국에서는 숫자 '9'를 행운의 숫자로 여겨요. 한편 미국에서는 숫자 '13'을 불행의 숫자라고 생각해요. 우리나라는 어떨까요? 우리나라에서 좋아하는 숫자는 '3'이에요. 그래서 우리말 속담에는 숫자 '3'이 들어간 것들이 많지요.

이런 뜻이에요

- **행운** 좋은 운수. 또는 행복한 운수.
- **불행** 운이 없음. 좋지 않은 일을 당함.
- **불길한** 운이 좋지 않고 나쁜 일이 생길 것 같은 느낌이 있는.
- **표시하기도** 어떤 사항을 알리는 내용을 겉에 드러내 보이기도.

1 무엇에 대해 쓴 글인가요?

· ☐☐ 에 담긴 의미

2 이 글에서 언급한 행운의 의미가 담겨 있는 숫자를 모두 찾아 ○표 하세요.

4	7	9

3 이 글에 나타난 사실로 알맞은 것은 무엇인가요? (   )

① 미국에서는 숫자 '3'을 불길한 숫자라고 여긴다.

② 어떤 엘리베이터에서는 '4층'을 'F층'으로 표시하기도 한다.

③ 동양과 달리 서양에서는 숫자 '7'을 행운의 숫자라고 여긴다.

④ 중국 베이징 올림픽은 2008년 8월 8일 오전 8시 8분에 개최되었다.

4 다음 일기의 내용으로 볼 때, 일기를 쓴 어린이가 사는 곳은 어디인가요?

> 오늘 숫자 '3'과 관련된 속담을 공부했다. 우리나라에서는 옛날부터 숫자 '3'을 좋은 숫자라고 여겼다고 한다. 그래서 우리말에는 '서당 개 삼 년이면 풍월을 읊는다', '세 살 버릇 여든까지 간다'와 같이 숫자 '3'을 활용한 속담이 많다고 한다. 숫자에 담긴 의미를 생각하고 속담을 찾아보니 참 재미있었다.

미국	중국	한국

사전

특별한 숫자 '3'

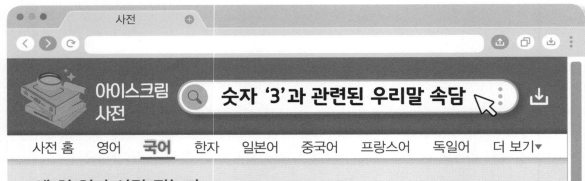

아이스크림 사전

🔍 숫자 '3'과 관련된 우리말 속담

사전 홈　영어　**국어**　한자　일본어　중국어　프랑스어　독일어　더 보기▼

세 치 혀가 사람 잡는다

'치'는 옛날에 길이를 재던 단위예요. 한 치에 약 3cm로, 세 치면 약 9cm 정도 된답니다. 이 속담은 9cm 정도의 짧은 혀일지라도 잘못 °놀리면 사람이 죽을 수도 있으니 ㉠말조심해야 한다는 뜻이에요.

세 살 °버릇 여든까지 간다

'여든'은 80을 말해요. 이 속담은 어릴 때 몸에 밴 버릇은 나이 들어서 쉽게 고치기 힘드니 어릴 때부터 나쁜 버릇이 들지 않도록 조심하라는 뜻이에요.

서당 개 삼 년이면 풍월을 °읊는다

'서당'은 옛날에 아이들이 공부를 하던 곳을, '풍월'은 자연의 아름다움을 노래하는 시를 말해요. 이 속담은 서당에서 매일 글 읽는 소리를 듣다 보면 개조차도 시를 말하게 된다는 뜻이에요. 한곳에 오래 있으면 어느 정도의 지식과 경험을 얻을 수 있음을 빗대어 표현한 말이에요.

세 사람만 우겨대면 없는 호랑이도 만들어 낼 수 있다

이 속담은 셋이 모여 우겨대면 누구나 °곧이듣게 된다는 뜻이에요. 여럿이 떠들어 소문내면 사실이 아닌 것도 사실처럼 됨을 빗대어 표현한 말이에요.

이런 뜻이에요

- **놀리면** 함부로 말하면.
- **버릇** 오랫동안 자꾸 반복하여 몸에 익숙해진 성질이나 행동.
- **읊는다** 시나 노래 등을 억양을 넣어 읽거나 외운다.
- **곧이듣게** 남의 말을 듣고 그대로 믿게.

1 다음 속담에서 숫자 '3'과 관련된 글자를 찾아 ○표 하세요.

예시

㉑치 혀가 사람 잡는다

⑴ 세 살 버릇 여든까지 간다

⑵ 서당 개 삼 년이면 풍월을 읊는다

⑶ 세 사람만 우겨대면 없는 호랑이도 만들어 낼 수 있다

2 이 글에 나타난 낱말의 뜻으로 알맞은 것은 무엇인가요? (   )

① '여든'은 70을 말한다.

② '서당'은 아이들이 일하던 곳을 말한다.

③ '치'는 옛날에 무게를 재던 단위를 말한다.

④ '풍월'은 자연의 아름다움을 노래하는 시를 말한다.

3 다음 대화에서 빈칸에 들어갈 말로 알맞은 것은 무엇인가요? (   )

성희는 아침마다 늦잠을 자는 버릇이 있어요. 어느 날 어김없이 늦잠을 자고 일어난 성희가 엄마에게 말했어요.

"지금은 제가 늦잠을 자는 버릇이 있지만, 어른이 되면 고쳐지지 않을까요?"

그러자 엄마가 성희에게 말했습니다.

"_____고 하잖니. 나쁜 습관은 미리 고쳐야 해."

① 세 치 혀가 사람 잡는다

② 세 살 버릇 여든까지 간다

③ 서당 개 삼 년이면 풍월을 읊는다

④ 세 사람만 우겨대면 없는 호랑이도 만들어 낼 수 있다

4 ㉠의 뜻을 알맞게 짐작한 어린이는 누구인가요? (   )

새미: 말을 함부로 하지 않고 조심하는 것을 말하는 거야.

원준: 말을 생각나는 대로 편하게 내뱉는 것을 말하는 거야.

4주 3일

오늘의 낱말

다음 낱말을 소리 내어 읽어 보고 뜻을 살펴보세요.

기념하다

훌륭한 인물이나 특별한 일 등을 오래도록 잊지 않고 마음에 간직함.

선언하다

국가나 단체, 개인이 주장이나 방침, 입장 등을 공식적으로 널리 알림.

위로하다

따뜻한 말이나 행동 등으로 괴로움을 덜어 주거나 슬픔을 달래 줌.

추모하다

죽은 사람을 생각하고 그리워함.

오늘의 퀴즈

굵게 표시된 6개의 낱말 중 오늘 배운 4개의 낱말에 ◯표 하세요.

국경일이란 나라에 **일어난** 기쁜 일을 **기념하는** 날이에요. 우리나라가 일본에게서 독립을 **선언한** 3.1절 등을 예로 들 수 있지요. 기념일이란 어떠한 날을 기념하는 날이에요. 우리나라를 위해 목숨을 **바친** 사람들을 **위로하고** 함께 **추모하는** 날인 현충일 등을 예로 들 수 있어요.

4주
3일

미리 쌓는 배경지식

공휴일

- 공휴일이란 나라에서 지정하여 쉬는 날을 말해요.
- 공휴일에는 3.1절이나 광복절 등의 국경일, 어린이날이나 현충일 등의 기념일, 설날이나 추석 같은 명절 등이 있어요.

나라에서 축하하는 날

1문단 우리나라에는 무엇인가를 °기념하기 위해 나라에서 쉬라고 정한 날이 있어요. 그러한 날을 '공휴일'이라고 해요. 공휴일 중에는 '국경일'이 있어요. 국경일이란 나라에 일어난 기쁜 일을 온 국민이 기념하는 날이에요.

2문단 우리나라에는 다섯 가지의 국경일이 있어요. 첫 번째 국경일은 3월 1일, 3.1절이에요. 이 날은 우리나라가 일본에게서 독립을 °선언한 것을 기념하는 날이에요. 두 번째 국경일은 7월 17일, 제헌절이에요. 이 날은 대한민국 °헌법을 만들어 널리 알린 것을 기념하는 날이에요. 세 번째 국경일은 8월 15일, 광복절이에요. 이 날은 우리나라가 일본에 빼앗겼던 권리를 다시 찾은 것을 기념하는 날이에요. 네 번째 국경일은 10월 3일, 개천절이에요. 이 날은 단군이 우리나라의 첫 국가인 고조선을 세운 것을 기념하는 날이에요. 마지막 국경일은 10월 9일, 한글날이에요. 이 날은 세종 대왕이 한글을 만들어 세상에 °널리 알린 것을 기념하는 날이에요.

3문단 그런데 이 다섯 가지 국경일이 모두 공휴일일까요? 아니에요. 제헌절은 2007년까지 공휴일이었지만, 그 뒤로는 공휴일에서 °제외되었어요. 그래서 제헌절에는 쉬지 않는답니다.

이런 뜻이에요

- **기념하기** 훌륭한 인물이나 특별한 일 등을 오래도록 잊지 않고 마음에 간직하기.
- **선언한** 국가나 단체, 개인이 주장이나 방침, 입장 등을 공식적으로 널리 알린.
- **헌법** 국가의 여러 가지 법 중에서 가장 기본이 되는 법.
- **널리** 범위가 넓게.
- **제외** 어떤 대상에서 뺌.

1 무엇에 대해 쓴 글인가요?

· 우리나라의 다섯 가지 ⬚⬚⬚⬚

2 다음에 제시된 국경일과 그에 해당하는 날짜를 알맞게 줄로 이으세요.

개천절 ·	· 8월 15일
광복절 ·	· 10월 3일
한글날 ·	· 10월 9일

3 이 글에 나타난 국경일에 대한 사실로 알맞은 것은 무엇인가요? (   )

① 제헌절은 우리나라의 첫 국가인 고조선이 세워진 것 기념하는 날이에요.
② 한글날은 세종 대왕이 한글을 만들어 널리 알린 것을 기념하는 날이에요.
③ 광복절은 우리나라가 일본에게서 독립을 선언한 것을 기념하는 날이에요.
④ 3.1절은 우리나라가 일본에 **빼앗겼던** 권리를 되찾은 것을 기념하는 날이에요.

4 우리나라의 공휴일을 모두 골라 ○표 하세요.

| 광복절 | 제헌절 | 개천절 |

실생활 문해력

인 터 넷 게 시 글

국경일과 기념일

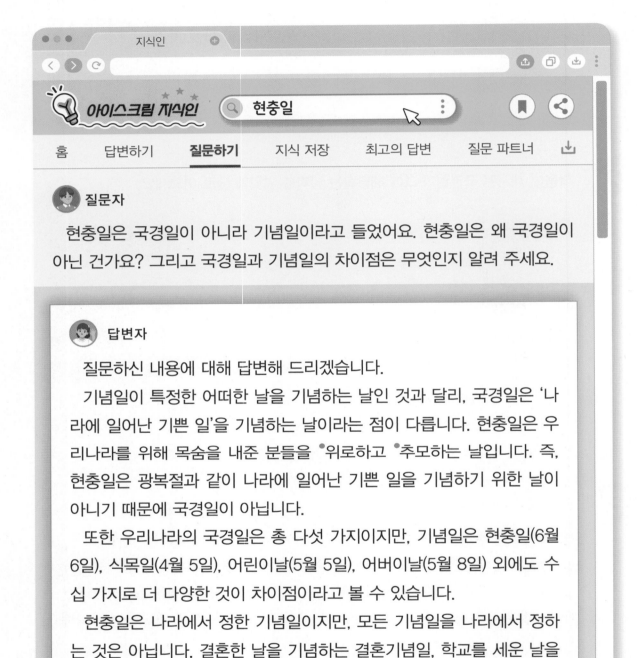

지식인

아이스크림 지식인 🔍 현충일

홈 　 답변하기 　 **질문하기** 　 지식 저장 　 최고의 답변 　 질문 파트너

질문자

현충일은 국경일이 아니라 기념일이라고 들었어요. 현충일은 왜 국경일이 아닌 건가요? 그리고 국경일과 기념일의 차이점은 무엇인지 알려 주세요.

답변자

질문하신 내용에 대해 답변해 드리겠습니다.

기념일이 특정한 어떠한 날을 기념하는 날인 것과 달리, 국경일은 '나라에 일어난 기쁜 일'을 기념하는 날이라는 점이 다릅니다. 현충일은 우리나라를 위해 목숨을 내준 분들을 °위로하고 °추모하는 날입니다. 즉, 현충일은 광복절과 같이 나라에 일어난 기쁜 일을 기념하기 위한 날이 아니기 때문에 국경일이 아닙니다.

또한 우리나라의 국경일은 총 다섯 가지이지만, 기념일은 현충일(6월 6일), 식목일(4월 5일), 어린이날(5월 5일), 어버이날(5월 8일) 외에도 수십 가지로 더 다양한 것이 차이점이라고 볼 수 있습니다.

현충일은 나라에서 정한 기념일이지만, 모든 기념일을 나라에서 정하는 것은 아닙니다. 결혼한 날을 기념하는 결혼기념일, 학교를 세운 날을 기념하는 개교기념일 등 가정이나 학교에서 정하는 기념일도 있습니다.

이런 뜻이에요

● **위로하고** 　따뜻한 말이나 행동 등으로 괴로움을 덜어 주거나 슬픔을 달래 주고.
● **추모하는** 　죽은 사람을 생각하고 그리워하는.

1 이 글의 내용으로 볼 때, 다음 ㉠과 ㉡에 들어갈 알맞은 말을 쓰세요.

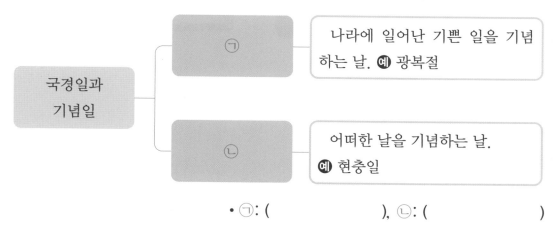

국경일과 기념일

㉠ — 나라에 일어난 기쁜 일을 기념하는 날. 예 광복절

㉡ — 어떠한 날을 기념하는 날. 예 현충일

• ㉠: (   ), ㉡: (   )

2 이 글에서 질문자가 글을 쓴 목적은 무엇인가요? (   )

① 일상을 기록하기 위해

② 정보를 알려 주기 위해

③ 사람들을 설득하기 위해

④ 궁금증을 해결하기 위해

3 이 글에서 알 수 있는 내용이 <u>아닌</u> 것은 무엇인가요? (   )

① 답변자의 결혼기념일

② 현충일을 기념하는 까닭

③ 우리나라의 다양한 기념일

④ 현충일이 국경일이 아닌 까닭

4 이 글을 올바르게 이해한 어린이는 누구인가요? (   )

① 모든 기념일은 나라에서 정하는 거야.

② 결혼기념일은 국가 기념일이 아니야.

③ 개교기념일은 나라에서 정해 준 기념일이야.

오늘의 낱말

다음 낱말을 소리 내어 읽어 보고 뜻을 살펴보세요.

사물

직접 보거나 만질 수 있게 일정한 모양과 성질을 갖추고 있는, 세상의 온갖 물건.

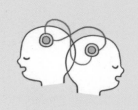

실감

실제로 겪고 있다는 느낌.

흉내

다른 사람 또는 동물의 말, 소리, 행동 등을 그대로 옮기는 행위.

생생하다

기억이나 생각이 눈앞에 보는 것처럼 분명함.

오늘의 퀴즈

다음 낱말 퍼즐에서 오늘 배운 4개의 낱말에 ○표 하세요.

사	물	어	보	다
수	건	생	각	중
내	동	생	오	앙
실	축	하	흉	내
감	투	다	년	시

미리 쌓는 배경지식

흉내 내는 말

- 흉내 내는 말이란 사람이나 사물의 소리나 모양을 나타내는 말이에요.
- 쿨쿨, 졸졸, 아장아장, 살랑살랑 등 흉내 내는 말은 아주 다양해요.
- 흉내 내는 말은 소리를 흉내 내는 말인 '의성어'와 모양을 흉내 내는 말인 '의태어'로 나눌 수 있어요.

교과서 문해력

국어

글을 생생하게 표현하는 방법

1문단 우리말에는 *흉내 내는 말이 많아요. 흉내 내는 말이란 사람이나 *사물의 소리나 모양을 나타내는 말이에요. 냠냠, 두근두근, 꾸벅꾸벅, 뒤뚱뒤뚱 등 우리가 평소에 자주 쓰는 이 말들이 바로 흉내 내는 말이에요.

2문단 흉내 내는 말은 무엇을 나타내느냐에 따라 '의성어'와 '의태어'로 나눌 수 있어요. '의성어'란 '소리'를 흉내 내는 말이에요. "애벌레가 나뭇잎을 사각사각 먹고 있다."라는 문장에서 '사각사각'과 같은 말을 의성어라고 해요. 애벌레가 나뭇잎을 갉아 먹을 때 나는 소리를 흉내 낸 것이지요.

3문단 '의태어'란 '모양'을 흉내 내는 말이에요. "방아깨비가 폴짝폴짝 뛰어다닌다."라는 문장에서 '폴짝폴짝'과 같은 말을 의태어라고 해요. 방아깨비가 뛰어다니는 모양을 흉내 낸 것이랍니다.

4문단 흉내 내는 말을 쓰면 내용을 재미있고 *생생하게 표현할 수 있어요. 또한 그 장면이 바로 눈앞에 보이는 것처럼 *실감 나게 하지요. 흉내 내는 말을 쓰면 말을 노래하듯이 표현할 수도 있어요. 참 재미있지요?

이런 뜻이에요

- **흉내** 다른 사람 또는 동물의 말, 소리, 행동 등을 그대로 옮기는 행위.
- **사물** 직접 보거나 만질 수 있게 일정한 모양과 성질을 갖추고 있는, 세상의 온갖 물건.
- **생생하게** 기억이나 생각이 눈앞에 보는 것처럼 분명하게.
- **실감** 실제로 겪고 있다는 느낌.

1 무엇에 대해 쓴 글인가요?

· 　　　　 내는 말

2 이 글에 나타난 사실로 알맞지 <u>않은</u> 것은 무엇인가요? (　　　)

① 우리말에는 흉내 내는 말이 많다.

② 흉내 내는 말은 의성어와 의태어로 나눌 수 있다.

③ 흉내 내는 말을 쓰면 내용을 생생하게 표현할 수 있다.

④ '사각사각'은 모양, '폴짝폴짝'은 소리를 흉내 내는 말이다.

3 다음 동요에서 흉내 내는 말을 찾아 ○표 하세요.

산토끼 토끼야
어디를 가느냐
깡충깡충 뛰어서
어디를 가느냐

4 다음 중 흉내 내는 말의 성격이 <u>다른</u> 하나는 무엇인가요? (　　　)

① 새가 <u>푸드덕</u> 날아가요.

② 강아지가 <u>멍멍</u> 짖었어요.

③ 천둥이 <u>우르릉</u> 울렸어요.

④ 스티커를 <u>덕지덕지</u> 붙였어요.

 시화
오리 | 권태응

오리

권태응

둥둥 엄마 오리
못물 위에 둥둥

동동 아기 오리
엄마 따라 동동

풍덩 엄마 오리
못물 속에 풍덩

퐁당 아기 오리
엄마 따라 퐁당

이런 뜻이에요

● **못물** 옛날에 '연못'을 이르던 말.

1   이 시에 나타난 대상과 그 모양을 흉내 낸 말을 알맞게 줄로 이으세요.

엄마 오리	•		•	동동
아기 오리	•		•	둥둥

2   이 시에서 표현한 장면으로 알맞은 것은 무엇인가요? (   )

① 엄마 오리가 아기 오리를 찾고 있다.

② 엄마 오리와 아기 오리가 헤엄을 치고 있다.

③ 엄마 오리와 아기 오리가 들판을 걷고 있다.

④ 엄마 오리가 아기 오리에게 이야기하고 있다.

3   이와 같은 글을 읽는 방법으로 가장 알맞은 것은 무엇인가요? (   )

① 시에 나타난 장면을 상상하며 읽는다.

② 제시된 정보가 사실인지 판단하며 읽는다.

③ 글쓴이의 주장이 무엇인지 파악하며 읽는다.

④ 새로 알게 된 내용이 무엇인지 생각하며 읽는다.

4   다음을 참고할 때, 선생님의 질문에 대한 알맞은 답변은 무엇인가요? (   )

> **풍덩**   크고 무거운 물건이 깊은 물에 떨어지거나 빠질 때 무겁게 한 번 나는 소리.
>
> **퐁당**   작고 단단한 물건이 물에 떨어지거나 빠질 때 가볍게 한 번 나는 소리.

> 선생님: 이 시에서 엄마 오리가 못물 속에 들어갈 때 '풍덩'이라고 한 것과 달리, 아기 오리가 못물에 들어갈 때 '퐁당'이라고 한 까닭은 무엇일까요?

① 아기 오리가 엄마 오리보다 작기 때문이에요.

② 아기 오리가 엄마 오리보다 힘이 세기 때문이에요.

③ 아기 오리가 엄마 오리보다 헤엄을 잘 치기 때문이에요.

④ 아기 오리가 엄마 오리보다 깊은 물에서 헤엄치기 때문이에요.

4주

5일

오늘의 낱말

다음 낱말을 소리 내어 읽어 보고 뜻을 살펴보세요.

갈증

목이 말라 물이 마시고 싶어지는 느낌.

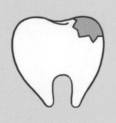

충치

세균이 갉아 먹어 이가 상하는 병. 또는 그 이.

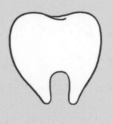

치아

'이'를 점잖게 이르는 말.

상큼하다

냄새나 맛 등이 향기롭고 시원함.

오늘의 퀴즈

굵게 표시된 6개의 낱말 중 오늘 배운 4개의 낱말에 ○표 하세요.

상큼한 맛이 나는 **탄산음료**에는 **치아**에 해를 끼치는 것이 들어 있어요. 탄산음료를 마시면 **갈증**이 사라지는 것 같지만, 사실 우리의 목을 더 마르게 만들어요. 그러니 되도록 탄산음료를 마시는 것을 줄이는 것이 좋아요. 또한 음료를 마신 뒤에는 **양치질**을 잘 해야 **충치**가 생기지 않아요.

미리 쌓는 배경지식

탄산음료

- 탄산음료는 설탕, 카페인, 인산 등 여러 가지를 넣어 만든 음료예요.
- 탄산음료에 들어 있는 여러 성분은 어린이들이 성장하는 데 나쁜 영향을 끼칠 수도 있어요.
- 우리의 건강을 지키려면 탄산음료를 마시는 것을 줄이고, 음료를 마신 뒤에는 양치질을 하는 것이 좋아요.

과학

탄산음료가 건강에 미치는 영향

1문단 많은 어린이는 탄산음료를 마시는 것을 좋아합니다. 탄산음료를 마시면 °갈증이 사라지는 것 같기 때문입니다. 그런데 ㉠우리가 좋아하는 탄산음료에는 °숨겨진 얼굴이 있습니다.

2문단 탄산음료에는 '카페인'이라는 것이 들어 있습니다. 이 카페인은 우리가 마신 음료의 양보다 더 많은 양의 °수분이 오줌으로 나오게 합니다. 탄산음료를 마시면 잠시 갈증이 사라지는 것 같지만, 몸속의 수분은 더 빠져나가기 때문에 우리 몸에 수분이 부족해집니다. 그래서 오히려 갈증을 더 느끼게 됩니다. 또한 탄산음료에 들어 있는 '인산'은 °상큼한 맛을 내지만 뼈를 약하게 만듭니다. 그래서 탄산음료를 많이 마시면 이가 약해지고, °충치가 생기기 쉬워집니다.

3문단 이러한 문제를 해결하려면 어떻게 해야 할까요? 탄산음료를 마시는 것을 줄여야 합니다. 갈증이 날 때에는 탄산음료 대신 물을 마시는 것이 좋습니다. 탄산음료를 마신다면, 30분 정도 지난 뒤에 양치질을 해야 충치가 생기는 것을 예방할 수 있습니다. 그동안 벌컥벌컥 마셨던 탄산음료를 덜 마신다면 우리 모두의 건강을 지킬 수 있습니다.

이런 뜻이에요

- **갈증** 목이 말라 물이 마시고 싶어지는 느낌.
- **숨겨진** 어떤 사실, 일이 다른 사람이 모르게 감추어진.
- **수분** 물건이나 물질에 들어 있는 물.
- **상큼한** 냄새나 맛 등이 향기롭고 시원한.
- **충치** 세균이 갉아 먹어 이가 상하는 병. 또는 그 이.

1 무엇에 대해 쓴 글인가요?

· ☐☐☐☐☐

2 이 글에 나타난 사실이 <u>아닌</u> 것은 무엇인가요? (　　　)

① 탄산음료를 마시면 갈증이 난다.

② 탄산음료를 마시면 이가 튼튼해진다.

③ 탄산음료를 마시면 충치가 생기기 쉬워진다.

④ 탄산음료를 마시면 몸속의 수분이 부족해진다.

3 이 글의 내용으로 볼 때, ㉠의 의미로 알맞은 것은 무엇인가요? (　　　)

① 탄산음료에는 여러 가지가 들어가지만, 상큼한 맛만 난다.

② 탄산음료는 잠시 갈증을 사라지게 하지만, 건강에 해를 끼친다.

③ 탄산음료를 좋아하는 어린이들이 있지만, 좋아하지 않는 어린이도 있다.

④ 탄산음료의 카페인은 어린이의 성장을 돕지만, 인산은 나쁜 영향을 준다.

4 이 글을 읽고 난 뒤의 반응으로 알맞은 것은 무엇인가요? (　　　)

① 앞으로는 탄산음료 대신 주스를 마셔야겠어.

② 앞으로는 탄산음료를 마시는 것을 줄여야겠어.

③ 탄산음료를 마실 때에는 벌컥벌컥 마시는 것이 좋겠어.

④ 탄산음료를 마신 뒤에는 양치를 하지 않는 것이 좋겠어.

카드 뉴스
치아 건강을 지키는 방법

01

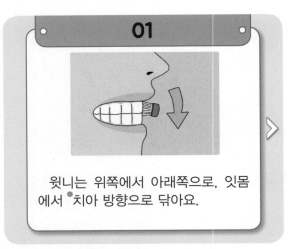

윗니는 위쪽에서 아래쪽으로, 잇몸에서 •치아 방향으로 닦아요.

02

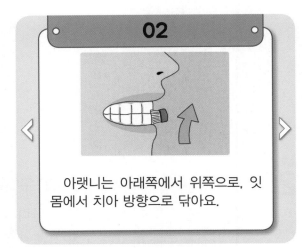

아랫니는 아래쪽에서 위쪽으로, 잇몸에서 치아 방향으로 닦아요.

03

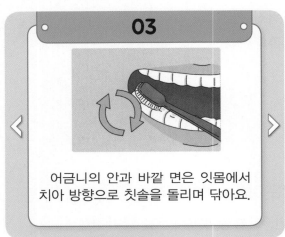

어금니의 안과 바깥 면은 잇몸에서 치아 방향으로 칫솔을 돌리며 닦아요.

04

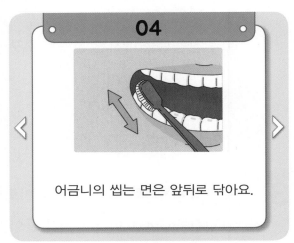

어금니의 씹는 면은 앞뒤로 닦아요.

05

앞니의 안쪽은 칫솔모를 세워서 닦아요.

06

혀는 안쪽에서 바깥쪽으로 닦고 뺨의 안쪽도 함께 닦아요.

이런 뜻이에요

- **치아** '이'를 점잖게 이르는 말.

1 글쓴이가 이 카드 뉴스를 만든 목적은 무엇인가요? (　　　　)

① 치아의 구조를 알려 주기 위해

② 칫솔질의 중요성을 알려 주기 위해

③ 좋은 칫솔을 고르는 방법을 알려 주기 위해

④ 칫솔질을 올바르게 하는 방법을 알려 주기 위해

4주
5일

2 다음 부위를 올바르게 칫솔질하는 방법으로 알맞은 것을 줄로 이으세요.

윗니　·

아랫니　·

혀　·

·　아래쪽에서 위쪽으로 닦아요.

·　위쪽에서 아래쪽으로 닦아요.

·　안쪽에서 바깥쪽으로 닦아요.

3 다음 중 칫솔질하는 방법을 올바르게 이해한 어린이는 누구인가요? (　　　　)

① 도아: 뺨의 안쪽은 닦지 말아야 해.

② 종석: 어금니의 씹는 면은 앞뒤로 닦아야 해.

③ 지원: 앞니의 안쪽은 칫솔모를 눕혀서 닦아야 해.

④ 유미: 윗니, 아랫니, 어금니 모두 치아에서 잇몸 방향으로 닦아야 해.

4 다음 빈칸에 들어갈 낱말을 이 카드 뉴스에서 찾아 쓰세요.

> ·　　　　: '이'를 점잖게 이르는 말.
>
> · 이빨: '이'를 낮잡아 이르는 말.

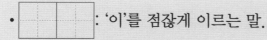

사진 출처

셔터스톡 https://shutterstock.com/ko

위키백과 https://ko.wikipedia.org

뉴욕 현대 미술관 https://moma.org

아이와 평생
함께할 습관을
만듭니다.

아이스크림 홈런 2.0
공부를 좋아하는 습관

오늘의 성적을 넘어
아이와 평생 함께할 습관을 만듭니다.

틀리는 것을 두려워하지 않는 습관
궁금한 것은 끝까지 파보는 습관
스스로 설정한 목표는 해내고야 마는 습관
그렇게, 공부를 좋아하는 습관

결국 습관이 이긴다.

아이스크림 홈런 2.0
공부를 좋아하는 습관

아이스크림 홈런이 만드는 '공부를 좋아하는 습관'을 지금 확인해 보세요.

교과서부터 실생활까지
꽉 잡는 문해력 챌린지

교과서 실생활 문해력

정답과 해설

1단계

초등 1·2학년

이렇게 활용해요

정답과 오답의 이유를 꼼꼼히 확인해요.
이해하기 어려운 내용은 주변 어른에게 물어봐요.

교과서 교실 생활 문해력

정답과 해설

1단계

초등 1·2학년

1주

1일

오늘의 퀴즈

의	견	새	익	우
사	랑	해	숙	리
여	보	호	하	다
권	리	저	다	람
이	모	씨	앗	쥐

교과서 문해력

1 기린의 혀
2 낙타, 사슴, 앵무새, 기린
3 (1) ○ (2) × (3) ×
4 ③

실생활 문해력

1 교실
2 ④
3 ③
4 (1) 우리 (2) 멸종 (3) 의견

▶ 교과서 문해력 - 기린의 혀는 무슨 색? ◀

• 글의 **종류** 설명하는 글
• 글의 **주제** 기린의 혀

1 이 글은 기린의 혀에 대해 쓴 글이에요. 가족이 동물원에 왔다가 기린의 검은색 혀를 보고 새로운 사실을 알게 되는 내용을 담고 있어요.
2 이 글에서는 낙타, 사슴, 앵무새, 기린이 등장하였어요. 이외에도 등장한 동물로는 토끼가 있어요.
3 (1) ○ 글쓴이는 부모님과 함께 동물원에 왔어요.
　(2) × 나뭇잎을 먹는 기린의 모습을 오래도록 바라보았어요.
　(3) × 사육사 선생님과 함께 기린에게 먹이를 주지

는 않았어요. 사육사 선생님은 기린의 혀가 검은색인 까닭을 설명해 주셨어요.
4 ③ 기린은 높은 곳에 열린 나뭇잎을 기다란 혀로 감싸서 입으로 가져와서 먹어요. 기린이 짧은 혀로 나뭇잎을 감싸 입으로 가져와서 먹는다는 아빠의 생각은 사육사 선생님의 설명과 달라요.

▶ 실생활 문해력 - 동물원은 있어야 할까? ◀

• 글의 **종류** 대화
• 글의 **주제** 동물원에 대한 찬성과 반대 의견

1 이 대화의 배경이 되는 공간은 교실이에요.
2 ④ 두 어린이는 동물원이 필요한지에 대해 자신의 의견을 말하고 있어요.
3 ③ 빈칸에는 동물원을 없애야 한다고 생각하는 어린이의 의견이 들어가야 해요. 따라서 동물원에 갇혀 사는 동물들은 행복하지 않을 것이라는 의견이 빈칸에 들어갈 내용으로 적절해요.
　오답 풀이 ①, ②, ④ 동물원이 있어야 한다고 생각하는 어린이의 의견이에요.
4 (1) '동물원의 동물들은 좁은 우리에 갇혀 있어요.' 라는 문장이 알맞아요.
　(2) '동물원은 멸종 위기에 처한 동물들을 보호해요.' 라는 문장이 알맞아요.
　(3) '동물원은 동물들을 가두고 돈을 버는 장소라는 의견이 있어요.' 라는 문장이 알맞아요.

쉬어가기

겁쟁이(○), 겁장이(×)

'겁쟁이' 란 '겁이 많은 사람을 낮잡아 이르는 말.' 이에요. 하지만 흔히 '겁장이' 라고 잘못 쓰는 경우가 많아요. 앞으로는 '겁쟁이' 라고 올바르게 사용하도록 해요.

오늘의 퀴즈

1 사연
2 범죄
3 보행
4 억울하다

교과서 문해력

1 신문고
2 ✕
3 ③
4 그림의 떡

실생활 문해력

1 신호등
2 ①
3 어린이, 어르신, 장애인
4 ①

▶ 교과서 문해력 - 억울한 일을 당했다면 북을 쳐라 ◀

◀ **글의 종류** 설명하는 글
◀ **글의 주제** 신문고

---

1 이 글은 신문고에 대해 쓴 글이에요. 조선 시대 임금인 태종이 신문고를 설치한 까닭, 그럼에도 불구하고 백성들이 신문고를 자주 칠 수 없던 까닭에 대해 설명하고 있어요.

2 1문단은 태종이 신문고를 설치한 까닭에 대해 설명하고 있어요. 2문단은 신문고를 사용할 때의 문제점에 대해 설명하고 있어요.

3 ③ 신문고를 치고 임금에게 하소연하기까지의 절차가 엄격해서 백성들은 신문고를 함부로 칠 수 없었다고 해요.

오답 풀이 ① 신문고는 서울에 단 한 개만 설치되어 있었어요.
② 신문고는 서울에 사는 신분 높은 관리나 양반이 주로 사용하였어요.
④ 백성들은 목숨이 달린 범죄나 아주 억울한 일을 당했을 때가 아니면 신문고를 울릴 수 없었어요.

4 '그림의 떡'이란 아무리 마음에 들어도 차지하거나 이용할 수 없는 것을 가리켜 쓰는 말이에요.

▶ 실생활 문해력 - 우리 동네가 안전하면 좋겠어요 ◀

◀ **글의 종류** 인터넷 게시 글
◀ **글의 주제** 신호등의 보행 신호 연장 제안

---

1 ㉠에 들어갈 알맞은 낱말은 '신호등'이에요.

2 ① 글쓴이는 교통사고 없이 안전한 동네를 만들기 위해 횡단보도 앞 신호등의 초록색 보행 신호가 켜져 있는 시간을 길게 늘려 달라는 제안을 하려고 글을 썼어요.

3 신호등의 초록색 보행 신호가 너무 빨리 바뀌어 어린이, 어르신, 장애인은 횡단보도를 건너는 데 어려움이 있다고 했어요.

4 ① 제안대로 신호등의 초록색 보행 신호를 길게 바꾸기로 했다는 것이 알맞아요.

쉬어가기

일부러(○), 일부로(✕)

'일부러'란 '어떤 목적이나 생각을 가지고.', '알면서도 마음을 숨기고.'를 뜻하는 말이에요. 하지만 발음이 비슷해서 '일부로'라고 쓰는 사람들이 있어요. 하지만 '일부러'라고 써야 해요.

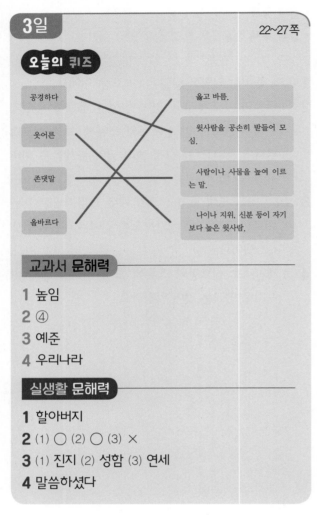

3일   22~27쪽

오늘의 퀴즈

공경하다 — 옳고 바름.

웃어른 — 윗사람을 공손히 받들어 모심.

존댓말 — 사람이나 사물을 높여 이르는 말.

올바르다 — 나이나 지위, 신분 등이 자기보다 높은 윗사람.

교과서 문해력

1 높임
2 ④
3 예준
4 우리나라

실생활 문해력

1 할아버지
2 (1) ○ (2) ○ (3) ×
3 (1) 진지 (2) 성함 (3) 연세
4 말씀하셨다

▶ 교과서 문해력 – 예의 바르게 말해요 ◀

◦ **글의 종류** 설명하는 글
◦ **글의 주제** 우리말의 높임 표현

1 이 글은 우리말의 높임 표현에 대해 쓴 글이에요. 웃어른에게는 높임말을 사용해야 하고, 다른 나라 사람에게 우리나라를 소개할 때는 '저희 나라'가 아닌 '우리나라'를 사용해야 한다고 설명하고 있어요.

2 ④ 웃어른을 만났을 때에는 공손한 태도로 존댓말을 써야 해요.

3 예준이는 웃어른인 할머니에게 '나' 대신 '저'라고 예의 바르게 높임 표현을 사용하고, 알맞게 높임말을 하였어요.

지도 Tip | 수빈이를 선택한 어린이에게는 웃어른인 할머니에게 '나'라는 말 대신 '저'라는 높임 표현을 사용해야 한다고 가르쳐 주세요.

4 모든 나라는 높고 낮음이 없이 동등한 입장이므로 '우리나라'를 골라야 해요.

▶ 실생활 문해력 – 예사말과 높임말 ◀

◦ **글의 종류** 온라인 대화방
◦ **글의 주제** 우리말의 예사말과 높임말

1 '나'는 할아버지의 생신을 축하드리기 위해 메시지를 보냈어요.

2 (1) ○ 엄마께서 '나'에게 '생일'의 높임말이 '생신'이라고 가르쳐 주셨어요.

　(2) ○ 아빠께서 '나'에게 웃어른께는 '드리다'라는 높임말을 쓴다고 가르쳐 주셨어요. 이에 따라 '축하하다'의 높임말은 '축하드리다'인 것을 알 수 있어요.

　(3) × 가족들의 메시지를 통해 웃어른께는 '생일 축하해요.'라는 말 대신 '생신 축하드려요.'라는 높임말을 사용해야 한다는 것을 알 수 있어요.

3 (1) 아빠는 웃어른이므로, '진지'라고 해야 해요.

　(2) 선생님은 웃어른이므로, '성함'이라고 해야 해요.

　(3) 할아버지는 웃어른이므로, '연세'라고 해야 해요.

지도 Tip | 본문에 제시된 '상대에 따라 다르게 쓰이는 우리말'을 한 번 더 살펴보면 좋아요.

4 선생님은 웃어른이므로 '말씀하셨다'를 골라야 해요.

쉬어가기

웃어른(○), 윗어른(×)

'웃어른'이란 '나이나 지위, 신분 등이 자기보다 높은 윗사람.'을 뜻하는 말이에요. '윗어른'이라고 잘못 쓸 때가 있지만, '웃어른'이 올바른 표기랍니다.

오늘의 퀴즈

오염된, 생물, 호흡, 착용하고

교과서 문해력

1 공기

2 (1) × (2) × (3) ○

3 사막

4 ③

실생활 문해력

1 마스크를 올바르게 착용하는 방법

2 (1) × (2) × (3) ○

3 ②

4 ②

▶ 교과서 문해력 - 깨끗한 공기의 소중함 ◀

◀ **글의 종류** 설명하는 글

◀ **글의 주제** 공기 오염

---

1 이 글은 공기 오염에 대해 쓴 글이에요. 공기가 오염 되면 나타나는 현상과 공기가 오염되는 까닭에 대해 설명했어요. 또한 공기가 더 이상 오염되지 않도록 생활 속에서 실천할 수 있는 방법을 알려 주었어요.

2 (1) × 오염된 공기는 지구의 온도를 높여요.

(2) × 공기가 오염되면 식물의 잎이 시들거나 말라 죽어요.

(3) ○ 오염된 공기를 마시면 숨을 쉴 때 가슴이 아프 거나 기침과 열이 나는 병에 걸릴 수 있어요. 사람 이나 동물의 호흡 기관이 병드는 것이지요.

3 황사는 중국의 사막에서 온 누렇고 작은 모래 먼지 로, 우리나라의 공기를 나쁘게 해요.

지도TiP | 자동차에서 뿜어져 나오는 것은 '매연' 이라고 알려 주 세요.

4 ③ 두 어린이가 상자를 가지고 이야기를 나누고 있 어요. 여자 어린이가 상자를 다시 사용할 수 있겠 다고 말하자, 남자 어린이가 좋은 생각이라며 긍 정했어요. 이에 따라 빈칸에 들어갈 적절한 말은 '물건을 재활용해 보자' 임을 알 수 있어요.

▶ 실생활 문해력 - 올바른 마스크 착용법 ◀

◀ **글의 종류** 카드 뉴스

◀ **글의 주제** 마스크를 올바르게 착용하는 방법

---

1 이 카드 뉴스는 마스크를 올바르게 착용하는 방법에 대해 설명하고 있어요.

2 (1) × 마스크의 모양을 변형해서 착용해서는 안 돼 요.

(2) × 마스크 안에 수건을 겹쳐 넣어서 착용해서는 안 돼요.

(3) ○ 마스크를 착용하기 전에 비누로 손을 깨끗하 게 씻어야 해요.

3 ② 마스크를 코와 입이 모두 가려지게 착용한 상태 가 올바른 상태예요.

오답풀이 ① 코를 가리지 않고 마스크를 착용했어요.

③ 코와 입을 가리지 않고 마스크를 착용했어요.

4 ② 마스크 안쪽에 음료를 쏟는 바람에 마스크 안쪽 이 더러워지고 말았어요. 마스크 안쪽이 더러워졌 을 때는 마스크를 새것으로 바꾸어 써야 해요.

지도TiP | 은주가 손을 깨끗이 씻은 뒤 마스크를 새것으로 바꾸 어 착용했다는 문장을 보고, 마스크를 더러운 손으로 만졌기 때 문에 마스크를 새것으로 바꾸어 착용했다고 생각할 수 있어요. 하지만 마스크 안쪽에 음료를 쏟은 것이 먼저 일어난 사건이라는 것을 알려 주세요.

쉬어가기

날름(○), 낼름(×)

'뱀이 혀를 날름 내밀었다' 와 같은 문장에서 사용되는 '날름' 이란 '혀, 손 등을 날쌔게 내밀었다 들이는 모양.' 을 말해요. 하지만 '낼 름' 이라고 많이들 잘못 쓰고는 해요. 앞으로는 '날름' 이라고 제대로 사용하도록 해요.

5일

오늘의 퀴즈

점령당했던, 시인, 독립, 형무소

교과서 문해력

1 윤동주

2 ④

3 (라) → (나) → (다)

4 (1) 동시 (2) 민족혼

실생활 문해력

1 ④

2 귀뚤귀뚤

3 ③

4 (1) × (2) ○ (3) ○

▶ 교과서 문해력 – 자랑스러운 우리나라의 시인 ◀

• **글의 종류** 설명하는 글

• **글의 주제** 윤동주 시인

---

1 이 글은 윤동주 시인에 대해 쓴 글이에요. 윤동주 시인의 생애와 윤동주 시인이 남긴 작품에 대해 설명하고 있어요.

2 ④ 일제 강점기 시기에 우리나라는 일본에 점령당했어요. 일본과 다른 나라와의 전쟁에 우리나라가 참여하였다는 상황은 글에 나타나 있지 않아요.

3 순서대로 (가) → (라) → (나) → (다)예요. 윤동주 시인은 1917년에 태어나, 연희전문학교를 다니며 시를 지었어요. 그 후 일본으로 유학을 가서, 한글로 시를 쓰고 독립운동을 했다는 까닭으로 일본 형무소에 갇히고 말았어요.

4 (1) '윤동주 시인은 어린이를 위한 동시를 지었어요.' 라는 문장이 알맞아요.

(2) '윤동주 시인은 일제 강점기로 어둡고 어려운 시절을 보내고 있는 우리나라 사람들의 민족혼을 담은 시를 지었어요.' 라는 문장이 알맞아요.

▶ 실생활 문해력 – 귀뚜라미와 나와 | 윤동주 ◀

• **글의 종류** 시화

• **글의 주제** '나' 와 귀뚜라미

---

1 ④ 이 시에서 '나' 는 귀뚜라미와 이야기하고 있어요.

2 이 시에서 귀뚜라미의 소리를 흉내 낸 말은 '귀뚤귀뚤' 이에요.

3 ③ 이 시는 달 밝은 밤에 잔디밭에서 '나' 가 귀뚜라미에게 비밀을 이야기하고 있는 내용을 담고 있어요. 이 시에 어울리는 느낌은 '평화롭다' 예요.

오답 풀이 ① '놀라다' 는 '뜻밖의 일이나 무서움에 가슴이 두근거림.' 이라는 뜻이에요.

② '답답하다' 는 '숨이 막힐 듯이 갑갑함.' 이라는 뜻이에요.

④ '조마조마하다' 는 '닥쳐올 일에 대하여 걱정이 되어 마음이 불안함.' 이라는 뜻이에요.

4 (1) × 이 시에서 귀뚜라미는 달 밝은 밤에 잔디밭에 나와 있어요. 환한 대낮은 시간대가 알맞지 않아요.

(2) ○ 이 시에서 귀뚜라미는 '귀뚤귀뚤' 하며 소리 내고 있어요.

(3) ○ 이 시에서 '나' 는 귀뚜라미에게 아무에게도 알려 주지 말고 우리 둘만 알자고 약속하며 이야기했어요. 즉, 귀뚜라미에게 비밀을 말하고 있어요.

쉬어가기

턱도 없다(○), 택도 없다(×)

'턱도 없는 소리 마!' 라는 이야기를 들어본 적이 있나요? '턱없다' 란 '이치에 닿지 않거나 그럴 만한 근거가 전혀 없음.' 을 뜻하는 말이에요. '턱도 없다' 는 '턱없다' 를 활용한 말이지요. 가끔씩 '택도 없다' 라는 말을 쓰는 경우가 있는데, 이는 잘못된 표현이에요.

금덕이 죽자 금묘는 숙종 임금과 더욱 가까이 지냈지만, 금묘가 숙종 임금이 드실 음식을 몰래 먹어 궁궐에서 절로 쫓겨났어요. 그러다 숙종 임금이 돌아가셨다는 소식을 듣고 금묘는 슬프게 울었어요. 금묘가 세상을 떠나자 사람들은 금묘를 숙종 임금의 무덤 근처에 묻어 주었어요.

1일

42~47쪽

오늘의 퀴즈

궁	중	떡	볶	이
궐	국	화	애	인
동	시	장	처	음
장	한	참	롭	발
군	글	자	다	밑

교과서 문해력

1 (1) 숙종 (2) 금묘 (3) 금덕
2 ②
3 (1) × (2) × (3) ○
4 (나) → (라) → (다)

실생활 문해력

1 공원
2 ③
3 ①
4 꾸미

▶ 실생활 문해력 - 고양이를 주웠어요 ◀

‹ **글의 종류** 그림일기
‹ **글의 주제** 고양이를 주운 날

1 이 일기의 글쓴이는 공원에서 고양이를 만났어요.
2 ③ 글쓴이는 날씨가 쌀쌀해 고양이가 감기에 걸릴 것 같아서 걱정이 되어 고양이를 데려왔어요.
3 ① 고양이가 부모님 발밑에서 귀엽게 야옹야옹 울었어요. 그러자 부모님은 글쓴이를 혼내다가 곧 용서해 주었어요.
4 새끼 고양이는 ‘꾸미’라는 이름으로 글쓴이의 가족과 함께 하게 되었어요.

▶ 교과서 문해력 - 숙종 임금과 고양이 이야기 ◀

‹ **글의 종류** 이야기
‹ **글의 주제** 숙종 임금과 금묘의 만남과 헤어짐

1 이 이야기에 나오는 임금의 이름은 ‘숙종’, 새끼 고양이의 이름은 ‘금묘’, 엄마 고양이의 이름은 ‘금덕’이에요.
2 ② 숙종 임금은 정원을 걷다가 많이 마른 고양이를 보고 궁궐에 데려와 함께 살게 되었어요. ㉠에서 알 수 있는 숙종 임금의 마음으로 ‘안타깝다’가 알맞아요.
3 (3) ○ 금묘가 절로 쫓겨난 까닭은 임금님의 수라상에 올릴 고기를 몰래 먹어서예요.
4 순서대로 (가) → (나) → (라) → (다)예요. 숙종 임금이 금덕을 만나, 금덕은 곧 금묘를 낳았어요. 그 후

쉬어가기

만날(○), 맨날(○)

‘매일같이 계속해서.’를 뜻하는 ‘만날’과 ‘맨날’은 둘 다 올바른 말이에요. 원래 ‘만날’만 표준어였지만, 사람들이 ‘맨날’이라는 말을 많이 사용해서 결국 ‘맨날’도 표준어가 되었어요.

2일

오늘의 퀴즈

독서, 인상, 장면, 감명

교과서 문해력

1 독서

2 (1) ○ (2) ○ (3) ○

3 ③

4 ✕

실생활 문해력

1 《황금 알을 낳는 암탉》

2 ①

3 ④

4 ③

▶ 교과서 문해력 – 책을 읽고 감상을 적어요 ◀

• **글의 종류** 설명하는 글

• **글의 주제** 독서 감상문

---

1 이 글은 독서 감상문에 대해 쓴 글이에요. 독서 감상문이란 무엇인지와 독서 감상문을 쓰면 좋은 점을 설명하고 있어요.

2 (1) ○ 독서 감상문에는 책의 줄거리를 쓸 수 있어요.

(2) ○ 독서 감상문에는 책을 읽고 느낀 점을 쓸 수 있어요.

(3) ○ 독서 감상문에는 책에서 인상 깊었던 장면을 쓸 수 있어요.

3 ③ 독서 감상문을 친구와 서로 바꾸어 읽으면서 책에서 얻은 재미나 감동을 함께 나눌 수 있어요.

4 한 어린이가 책을 읽고 독서 감상문을 쓴 것을 확인할 수 있어요. 이 어린이는 '책을 읽게 된 까닭'으로 학교 도서관에서 《콩닥콩닥 짝 바꾸는 날》이라는 책을 발견해 읽게 되었다고 했어요. '책의 내용'으로 책의 줄거리를 간단하게 소개하고 있어요. '책을 읽고 떠올린 생각'으로 앞으로 짝에게 더 잘해 주어야겠다는 감상을 적었어요.

▶ 실생활 문해력 – 연두의 독서 일기 ◀

• **글의 종류** 독서 감상문

• **글의 주제** 《황금 알을 낳는 암탉》 독서 감상문

---

1 연두가 읽은 책은 《황금 알을 낳는 암탉》이에요.

2 ① 연두는 닭이 그려진 표지가 재미있어 보여서 책을 골라 읽었다고 독서 감상문에 적었어요.

3 ④ 농부는 욕심을 부려 암탉의 배를 갈라 암탉을 죽이고 말았어요. 농부는 암탉의 배 속이 다른 닭과 다르지 않음을 뒤늦게 깨닫고 암탉이 죽자 눈물을 흘리며 후회했어요.

> **오답 풀이** ① 농부에게는 한 마리의 암탉이 있었어요.
> ② 암탉은 매일 한 알씩 황금 알을 낳았어요.
> ③ 농부는 한꺼번에 많은 황금을 얻지 못했어요.

4 ③ '연두의 독서 일기'는 책을 읽고 자신의 생각과 느낀 점을 쓴 독서 감상문이에요.

쉬어가기

깎다(○), 깍다(✕)

'깎다'란 '칼 따위로 물건의 거죽이나 표면을 얇게 벗겨 냄.' 또는 '풀이나 털 따위를 잘라 냄.', '값이나 금액을 낮추어서 줄임.' 등을 뜻하는 낱말이에요. '깍다'라는 말로 잘못 쓸 때가 있지만 이 말은 사전에 없다는 점을 기억하세요.

오늘의 퀴즈

그럴듯하게, 허위, 비난하거나, 출처

교과서 문해력

1 가짜

2 (1) ○ (2) × (3) ○

3 ①

4 비판

실생활 문해력

1 울산광역시 태화강

2 ③

3 ③

4 ④

▶ **교과서 문해력 - 그 뉴스는 가짜야!** ◀

• **글의 종류** 설명하는 글

• **글의 주제** 가짜 뉴스

1 이 글은 가짜 뉴스에 대해 쓴 글이에요. 가짜 뉴스란 무엇인지와 가짜 뉴스가 만들어지는 까닭, 뉴스를 볼 때 주의할 점에 대해 설명하고 있어요.

2 (1) ○ 가짜 뉴스는 사람들의 관심을 끌어 돈을 벌려고 만들어져요.

(2) × 가짜 뉴스가 만들어지는 까닭이 아니에요.

(3) ○ 가짜 뉴스는 싫어하는 사람이나 집단을 비난하려고 만들어져요.

3 ① 가짜 뉴스를 쉽게 접할 수 있는 까닭과 종이 신문의 발달은 큰 관련이 없어요.

4 '비난'이란 '다른 사람의 잘못이나 결점에 대하여 나쁘게 말함.'이라는 뜻이에요. '비판'은 '무엇에 대해 자세히 따져 옳고 그름을 밝히거나 잘못된 점을 지적함.'이라는 뜻이에요. 글의 내용에 따라 빈칸에 들어갈 낱말은 '비판'이 알맞아요.

지도 Tip | '비판적'이라는 낱말은 사전에 있지만, '비난적'이라는 낱말은 사전에 없다는 것도 함께 알려 주면 좋아요.

▶ **실생활 문해력 - 태화강에 악어가 나타났다** ◀

• **글의 종류** 대화

• **글의 주제** 가짜 뉴스의 실체

1 이 대화에서 이야기한 악어가 실제로 사는 곳은 미국 플로리다키스의 강이에요. 울산광역시 태화강에서 악어가 살고 있다는 뉴스는 가짜 뉴스예요.

2 ③ 울산광역시 공무원은 사실을 확인하려고 태화강에 방문하였어요.

3 ③ 이 대화에서 가짜 뉴스의 내용이 아닌 진실을 말하고 있는 어린이는 '태웅'이에요.

4 ④ 이 대화에서 두 사람은 울산광역시 태화강에 악어가 나타났다는 뉴스가 진짜인지 알아보기 위해 이야기하고 있어요.

쉬어가기

콧방울(○), 콧망울(×)

'콧방울'이란 '코끝 양쪽으로 둥글게 방울처럼 나온 부분.'을 뜻하는 말이에요. '눈망울'이란 단어와 헷갈리는 경우가 많아 '콧망울'이라고 쓸 때가 많지만, '콧방울'이 올바른 표기예요.

4일

오늘의 퀴즈

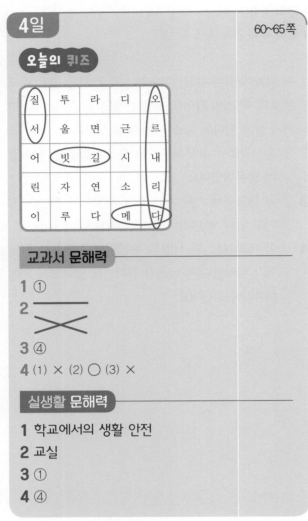

교과서 문해력

1 ①

2 ✕

3 ④

4 (1) ✕ (2) ○ (3) ✕

실생활 문해력

1 학교에서의 생활 안전

2 교실

3 ①

4 ④

▶ 교과서 문해력 - 비나 눈이 오면 이렇게 걸어요 ◀

❝ 글의 종류 설명하는 글

❝ 글의 주제 날씨에 따른 안전한 보행 방법

---

1 ① 바람 부는 날에 대한 이야기는 없어요.

오답풀이 ② 이 글에서는 비 오는 날 어떻게 걸어야 하는지에 대해 설명하고 있어요.

③ 이 글에서는 눈 오는 날 어떻게 걸어야 하는지에 대해 설명하고 있어요.

2 1문단은 날씨가 좋지 않을 때의 사고 위험에 대해 설명하고 있어요. 2문단은 비가 오는 날 안전하게 걷는 방법에 대해 설명하고 있어요. 3문단은 눈이 오는 날 안전하게 걷는 방법에 대해 설명하고 있어요.

3 ④ 비가 오면 해가 구름에 가려지기 때문에 어두워져서 운전자가 횡단보도를 건너는 사람을 보지 못할 수 있어요. 그렇기 때문에 밝은 색 옷을 입거나 야

광 가방을 메는 것이 좋아요.

4 (1) ✕ 눈이 오는 날에는 뛰어가지 말아야 해요.

(2) ○ 눈이 오는 날에는 양손을 주머니에 넣지 않고 걸어야 해요.

(3) ✕ 눈이 오는 날에는 바닥에 홈이 파여 있는 운동화를 신는 것이 좋아요.

▶ 실생활 문해력 - 안전한 학교 생활 ◀

❝ 글의 종류 카드 뉴스

❝ 글의 주제 학교에서의 생활 안전

---

1 이 카드 뉴스는 학교에서의 생활 안전에 대해 안내하고 있어요.

2 교실에서는 소리를 지르거나 뛰지 않아야 해요.

3 ① 서아는 화장실에서의 생활 안전을 올바르게 지켰어요.

오답풀이 ② 계단을 오를 때에는 한 계단씩 올라야 해요.

③ 복도에 놓인 물건을 가지고 장난치지 않아야 해요.

④ 실내에서 공놀이를 해서는 안 돼요.

4 ④ 이 글은 솔이가 은지의 얼굴을 향해 공을 던져서 나누는 대화예요. 따라서 은지가 솔이에게 운동장에서는 친구의 얼굴을 향해 공을 집어던지지 말아야 한다는 말을 하는 것이 적절해요.

쉬어가기

어리바리하다(○), 어리버리하다(✕)

'어리바리하다' 란 '정신이 또렷하지 못하거나 기운이 없어 몸을 제대로 놀리지 못하고 있는 상태임.' 을 뜻하는 말이에요. 흔히 '어리버리하다' 라고 잘못 쓰는 경우가 많지만 이는 틀린 표기예요.

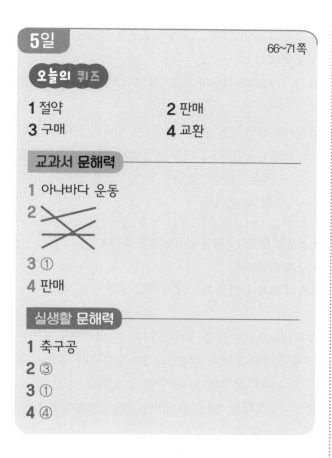

5일

오늘의 퀴즈

1 절약　　　　　2 판매
3 구매　　　　　4 교환

교과서 문해력

1 아나바다 운동
2 ✕
3 ①
4 판매

실생활 문해력

1 축구공
2 ③
3 ①
4 ④

▶ 교과서 문해력 - 우리 반도 절약을 실천해요 ◀

❝ 글의 종류 주장하는 글
❝ 글의 주제 아나바다 운동

1 ㉠에 공통으로 들어갈 말은 '아나바다 운동'이에요.
2 '아'는 아껴 쓰기, '나'는 나눠 쓰기, '바'는 바꿔 쓰기, '다'는 다시 쓰기라는 의미예요.
3 ① 아나바다 운동은 자신에게 필요 없는 물건을 버리기보다 필요한 사람들에게 팔거나 나누어 주는 절약 운동이에요. 자신에게 필요 없는 물건을 비싸게 팔 수 있어 좋은 운동이 아니에요.
4 '구매'란 '상품을 사는 것.', '판매'란 '상품을 파는 것.'이에요. 빈칸에 들어갈 낱말로 '판매'가 적절해요.

▶ 실생활 문해력 - 아끼던 물건을 팔아요 ◀

❝ 글의 종류 광고
❝ 글의 주제 중고 축구공 판매

1 민수는 축구공을 판매하고 있어요.
2 ③ 민수는 더 이상 축구를 하지 않아 축구공을 판매

하려 해요.

오답 풀이 ① 민수는 축구공을 부모님에게 선물 받았어요.
② 민수는 지난봄에 이 공으로 친구들과 신나게 축구를 했다고 했어요. 거의 사용하지 않은 것처럼 깨끗하지만, 한 번도 사용하지 않은 것은 아니에요.
④ 민수에게 축구공을 구매하려면 2학년 1반으로 찾아가야 해요.

3 ① 민수는 축구공을 오천 원에 팔거나 로봇 장난감과 교환하려 해요. 용돈 오천 원을 가지고 있는 미리는 민수에게 물건을 구매할 수 있어요.
4 ④ 이 광고는 자신에게 필요 없는 물건을 판매한다는 사실을 알리고자 해요.

쉬어가기

괘씸하다(○), 괘심하다(×)

'괘씸하다'란 '남에게 예절이나 신의에 어긋난 짓을 당하여 분하고 밉살스러움.'을 뜻하는 말이에요. 마음 심(心)이 떠오르는 탓인지 '괘심하다'라고 잘못 쓰는 경우가 종종 있어요. '괘씸하다'가 올바른 표기임을 잊지 마세요.

3주

1일
74~79쪽

오늘의 퀴즈

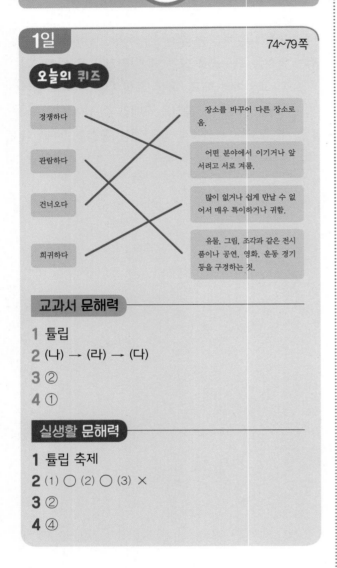

경쟁하다 — 어떤 분야에서 이기거나 앞서려고 서로 겨룸.

관람하다 — 유물, 그림, 조각과 같은 전시품이나 공연, 영화, 운동 경기 등을 구경하는 것.

건너오다 — 장소를 바꾸어 다른 장소로 옴.

희귀하다 — 많이 없거나 쉽게 만날 수 없어서 매우 특이하거나 귀함.

교과서 문해력

1 튤립
2 (나) → (라) → (다)
3 ②
4 ①

실생활 문해력

1 튤립 축제
2 (1) ○ (2) ○ (3) ×
3 ②
4 ④

▶ 교과서 문해력 - 네덜란드를 뒤흔든 튤립 ◀

• 글의 종류 설명하는 글
• 글의 주제 튤립을 둘러싼 가격의 오르내림

1 이 글에서 가장 중심이 되는 낱말은 튤립이에요. 이 글은 과거 네덜란드에서 튤립이 인기를 얻게 되면서 가격이 올랐다가, 튤립을 사는 사람이 적어지자 튤립의 가격이 다시 떨어지는 과정을 설명하고 있어요.

2 순서대로 (가) → (나) → (라) → (다)예요. 과거 네덜란드에서는 사람들이 서로 튤립을 가지고 싶어 했어요. 그러자 튤립의 가격이 올랐어요. 튤립의 가격이 오르자 튤립을 튀르키예에서 가져오는 사람이 늘어

물건이 많아졌어요. 그러자 튤립의 가격이 다시 떨어졌어요.

3 ② 17세기에 튤립이 튀르키예에서 네덜란드로 건너왔어요.

4 ① 이 글에서는 튤립을 사려는 사람이 많아지자 가격이 올랐어요. 이를 바탕으로 할 때, 축구공을 사려는 친구가 많으니 가격이 오를 것이라고 예측할 수 있어요.

▶ 실생활 문해력 - 봄을 알리는 튤립 축제 ◀

• 글의 종류 SNS
• 글의 주제 튤립 축제 안내와 관람 후기

1 (가)와 (나)는 튤립 축제에 대해 쓴 글이에요. (가)는 튤립 축제에 대해 안내하고 있어요. (나)는 튤립 축제에 다녀온 후 감상을 이야기하고 있어요.

2 (1) ○ 축제를 개최하는 날짜는 4월 12일부터 5월 7일까지예요.

   (2) ○ 축제를 개최하는 장소는 충청남도 태안군 해안 공원이에요.

   (3) × (가)에서 축제를 개최하는 단체는 어디인지 알 수 없어요.

3 ② (가)에서 봄에 핀 튤립을 보려고 해마다 30만 명 이상의 사람들이 찾는 축제가 되었다고 했어요. 즉, 튤립 축제에는 해마다 30만 명 이상의 사람들이 다녀가고 있음을 알 수 있어요.

   오답 풀이 ① 이 축제는 10년 넘게 매년 열린 축제예요.
   ③ 튤립 축제에는 튤립뿐만 아니라 다양한 꽃들도 볼 수 있어요. 동물들은 이 글에 나타나 있지 않아요.
   ④ 튤립 축제는 5월 7일까지 개최돼요. 5월 8일에 해당 지역을 방문하면 튤립 축제를 관람할 수 없어요.

4 ④ (나)에서 시은이는 고모와 함께 튤립 축제에 다녀왔다고 했어요. 부모님과 함께 튤립 축제에 가지 않았어요.

쉬어가기

뭇국(○), 무국(×)
  가끔씩 급식으로 소고기 뭇국이 나올 때가 있지요? '무를 썰어 넣고 끓인 국.'을 뜻하는 국은 '뭇국'이랍니다. '무국'이 아니에요.

2일

80~85쪽

오늘의 퀴즈

도	자	기	저	귀
구	름	차	양	반
두	학	급	요	듯
껍	반	장	미	하
다	흩	어	지	다

교과서 문해력

1 ①
2 (1) × (2) ○ (3) ×
3 ③
4 ③

실생활 문해력

1 교실
2 (1) × (2) ○ (3) × (4) ×
3 ③
4 ③

▶ 교과서 문해력 - 깨끗한 교실을 위해 노력합시다 ◀

• 글의 종류 주장하는 글
• 글의 주제 교실 청소

1 ① 이 글의 글쓴이는 교실을 청소하는 방법을 설명하면서 모두가 힘을 합쳐 교실 청소를 하자고 주장하고 있어요.

2 (1) × 책상 줄이 삐뚤삐뚤하다고 했어요.
　(2) ○ 교실 바닥에 쓰레기가 떨어져 있다고 했어요.
　(3) × 학급 문고의 책이 여기 저기 흩어져 있기도 하다고 했어요.

3 ③ 교실 곳곳에 책을 두지 말고, 학급 문고의 책은 한곳에 모아 순서대로 꽂아야 해요.

4 ③ ㉠ 모두가 힘을 합친다는 것과 어려운 상황에서는 원수라도 협력하게 된다는 말은 의미가 달라요.
　오답 풀이 ①, ②, ④ 모두가 힘을 합쳐 무엇인가를 한다는 의미를 담고 있는 사자성어예요.

▶ 실생활 문해력 - 2학년 1반 학급 규칙 ◀

• 글의 종류 안내문
• 글의 주제 학급 규칙

1 이 글에서 이야기한 학급 규칙을 지켜야 하는 장소는 교실이에요.

2 (1) × 수업 시간에 과자를 먹지 말아야 해요.
　(2) ○ 수업 시작 전 책상 위에 교과서를 미리 꺼내 놓아야 해요.
　(3) × 수업 시간에는 휴대폰을 사용하지 말아야 해요.
　(4) × 수업 시간에는 바른 자세로 수업을 들어야 해요.

3 ③ 홍시는 대희의 필통을 가져갔다가 돌려주지 않았어요. 홍시의 이런 행동은 친구의 물건을 소중히 여기기로 한 규칙을 어긴 것이에요.

4 ③ ㉠ '험담'이란 '남의 부족한 점이나 잘못 등을 들추어 헐뜯음. 또는 그런 말.'을 뜻해요. 이와 반대되는 말은 '칭찬'이 있어요. '칭찬'이란 '좋은 점이나 착하고 훌륭한 일을 높이 평가함. 또는 그런 말.'을 뜻해요.

쉬어가기

배터리(○), 밧데리(×)

　'전자 제품의 건전지'를 뜻하는 'Battery'는 '배터리'로 표기해야 해요. '밧데리', '빠떼리' 등으로 쓰는 경우가 있지만 이는 틀린 표기예요.

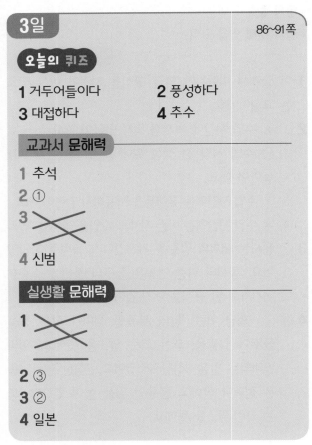

3일   86~91쪽

오늘의 퀴즈

1 거두어들이다   2 풍성하다

3 대접하다   4 추수

교과서 문해력

1 추석

2 ①

3 ✕

4 신범

실생활 문해력

1 ✕

2 ③

3 ②

4 일본

▶ **교과서 문해력 - 가을의 민속 명절** ◀

◀ **글의 종류** 설명하는 글

◀ **글의 주제** 추석과 세계의 명절

---

1 이 글은 추석과 세계의 명절에 대해 쓴 글이에요. 우리나라의 추석에 하는 일에 대한 설명과 함께 세계 곳곳의 추석과 비슷한 명절에 대해 설명하고 있어요.

2 ① 추석에 밤하늘을 보면 아주 크고 밝은 보름달을 볼 수 있어요. 그래서 추석에는 보름달을 보고 소원을 빌어요.

3 미국은 추수 감사절, 일본은 오봉, 중국은 중추절을 지내요.

4 ㉠ '공통점'은 '여럿 사이에 서로 같은 점.'을 뜻하는 말이에요. ㉠의 뜻을 알맞게 짐작한 어린이는 신범이에요.

오답풀이 미소가 말한 '서로 같지 않고 다른 점.'을 뜻하는 말은 '차이점'이에요.

▶ **실생활 문해력 - 세계의 명절 음식** ◀

◀ **글의 종류** 백과사전

◀ **글의 주제** 세계 여러 나라의 명절 음식

---

1 한국은 송편, 중국은 월병, 일본은 당고, 미국은 칠면조 요리를 명절 음식으로 먹어요.

2 ③ 중국의 중추절은 음력 8월 15일이에요.

3 ② 한국에서는 그해 새로 난 쌀로 만든 송편을 만들어 먹어요.

오답풀이 ① 중국에서는 달의 모양을 본 떠 만든 월병을 먹어요.

③ 일본에서는 조상의 영혼을 맞이해 대접하는 날인 오봉을 지내요.

④ 한국은 한 해의 추수를 감사하는 추석, 미국은 한 해의 추수를 감사하는 추수 감사절을 지내요.

4 쌀가루 반죽을 달 모양으로 둥글게 빚어 삶은 명절 음식은 '당고'예요. 이를 통해 이 일기를 쓴 어린이가 사는 곳은 일본임을 알 수 있어요.

쉬어가기

세배(○), 새배(✕)

'세배'란 '설날에 웃어른께 인사로 하는 절.'을 말해요. '새해'에 하는 절이라 '새배'라고 잘못 생각하는 경우가 가끔 있지만, '세배'가 올바른 표기예요.

오늘의 퀴즈

역	할	아	기	지
사	머	침	복	우
언	니	행	용	개
매	일	회	하	균
민	감	하	다	형

교과서 문해력

1 ①

2 ④

3 ㉠: 귀, ㉡: 눈

4 세희

실생활 문해력

1 멀미약

2 ③

3 (1) × (2) × (3) × (4) ○

4 ①

▶ 교과서 문해력 - 자동차만 타면 울렁거리는 까닭 ◀

● **글의 종류** 설명하는 글

● **글의 주제** 멀미가 나는 까닭

1 ① 이 글은 멀미가 나는 까닭에 대해 설명하는 글이에요. 우리의 몸이 균형을 잡을 수 있는 까닭과 이와 관련되어 멀미가 왜 나는지를 설명하고 있어요.

2 ④ 우리의 몸이 흔들리면 림프액도 함께 찰랑찰랑 흔들리면서 몸이 균형을 잡도록 도와준다고 했어요. 즉, 귀 안쪽에 있는 림프액이 흔들리면 몸이 균형을 잡을 수 있어요.

3 자동차나 배를 탔을 때 속이 울렁거리는 까닭은 귀가 눈보다 몸이 흔들리고 있다는 것을 민감하게 알아차려서 그 차이로 뇌가 혼란을 느끼기 때문이에요.

4 속이 울렁거리고 머리가 아프게 되는 것은 멀미의 증상을 말해요. ㉠의 뜻을 알맞게 짐작한 어린이는 세희예요.

▶ 실생활 문해력 - 약, 이렇게 사용하세요 ◀

● **글의 종류** 의약품 사용 안내서

● **글의 주제** 멀미약 사용법

1 이 글은 멀미약 사용법에 대해 쓴 글이에요.

2 ③ 멀미약을 감기약 등 다른 약과 함께 복용할 경우 의사와 이야기해야 한다고 주의 사항에 쓰여 있으므로, 안내서를 올바르게 이해했어요.

오답 풀이 ① 3세가 되지 않은 어린이는 복용하면 안 돼요. 즉, 5세 어린이는 멀미약을 먹을 수 있어요.

② 멀미가 심하더라도 약을 하루에 3알 이상 먹어서는 안 돼요.

④ 멀미약을 복용하면 졸음이 올 수 있어 운전을 할 때는 멀미약을 먹어서는 안 돼요.

3 (1) × 한쪽 귀에 1개만 붙여야 해요.

(2) × 자동차나 배를 타기 4시간 전에 붙여야 해요.

(3) × 약을 추가로 붙이려면 4시간이 지나야 한다는 것은 이 안내서에 나타나 있지 않아요.

(4) ○ 어린이가 사용하려면 의사와 이야기해야 한다고 주의 사항에 나타나 있어요.

4 ① ㉠ '드세요'는 '먹다'의 높임 표현이에요. '뱉으세요'와는 바꾸어 쓸 수 없어요.

오답 풀이 ②, ③, ④ 모두 '드세요'와 바꾸어 쓸 수 있어요.

쉬어가기

베개(○), 베게(×)

'베개'와 '베게', 많이 헷갈리지요? 하지만 '베개'가 맞는 말이에요. '병따개', '지우개' 등을 기억하면 헷갈리지 않을 거예요.

5일

98~103쪽

오늘의 퀴즈

소재, 초상화, 화실, 형편없다는

교과서 문해력

1 루소, 신문 기자
2 (1) ○ (2) ×
3 ②
4 ④

실생활 문해력

1 프랑스
2 ①
3 ③
4 ②

▶ 교과서 문해력 - 자신만의 그림을 그린 화가 ◀

◀ 글의 종류 극본
◀ 글의 주제 포기하지 않고 자신만의 그림을 그린 루소

1 이 글에 등장하는 인물은 루소, 신문 기자, 후원자예요. 루소의 스승은 등장하지 않았어요.
2 (1) ○ 후원자는 루소가 그린 자신의 초상화를 보고 루소의 그림 실력이 정말 형편없다며 화를 냈어요. 자신의 초상화를 불태워 없애버리라고 한 이유는 루소가 그린 자신의 초상화가 마음에 들지 않아서예요.
(2) × 루소는 자신의 그림을 보고 화를 내는 후원자에게 예술을 이해하지 못한다고 하였어요.
3 ② 루소는 미술 학교에서 공부하거나 화가에게 그림을 배우지는 않았다고 했어요.

오답풀이 ① 루소는 그림 전시회를 열면서 신문 기자와 이야기하고 있어요.
③ 루소는 자연을 관찰하고 그릴 때 가장 행복하다고 했어요.
④ 루소는 후원자의 초상화를 그리기도 했어요.

4 ④ ⓒ 사람들이 자신을 흉봐도 포기하지 않고 끝까지 그림을 그렸다는 것과 가장 어울리는 사자성어는 '마이동풍' 이에요.

▶ 실생활 문해력 - 루소의 전시회에 초대합니다 ◀

◀ 글의 종류 전시회 안내서
◀ 글의 주제 루소의 특별 전시회 안내

1 루소가 태어난 곳은 프랑스예요. 루소는 1844년에 프랑스에서 태어났어요.
2 ① 이 안내서에서 루소의 생일은 알 수 없어요.

오답풀이 ② 루소는 평일에 세관의 직원으로 일했다고 했어요.
③ 안내문에 실린 루소의 사진과 루소가 화가로서의 자신의 모습을 그린 그림에서 알 수 있어요.
④ 루소는 '일요일의 화가' 라는 별명으로 불리기도 했다는 것을 알 수 있어요.

3 ③ ㉠의 그림은 마차에 타고 있는 이웃들을 그린 것이에요. 이러한 미술 작품으로 하얀 말이 끄는 마차를 탄 사람들의 그림이 알맞아요.
4 ② 루소가 죽은 뒤에 루소의 그림은 더 높은 평가를 받았다고 안내서에 나와 있어요.

오답풀이 ① 루소는 평생 프랑스를 떠난 적이 없었지만, 외국에서 온 식물들을 관찰하며 정글을 소재로 그림을 그렸어요. 직접 정글을 여행한 것은 아니에요.
③ 루소는 이웃들과 정답게 지냈어요. 사람과의 만남 없이 외롭게 지내지는 않았어요.

쉬어가기

헤매다(○), 헤메다(×)

'헤매다' 란 '갈 바를 몰라 이리저리 돌아다님.', '갈피를 잡지 못함.' 등을 뜻하는 말이에요. 발음이 애매해서 '헤메다' 라고 잘못 쓰는 경우가 많지만 '헤매다' 가 올바른 표기예요.

1일

오늘의 퀴즈

1 해충   **2** 인공
3 못마땅하다   **4** 잡아채다

교과서 문해력

1 ②
2 (1) × (2) ○
3 ④
4 ②

실생활 문해력

1 거미줄
2 ④
3 ②
4 ②

▶ **교과서 문해력 - 미움받는 거미** ◀

◦ **글의 종류** 이야기
◦ **글의 주제** 거미의 소중함

---

1 ② 마을 사람들은 거미가 마을 곳곳에 거미줄을 쳐 놓았기 때문에 거미를 못마땅하게 여겼어요.

2 (2) ○ 거미가 마을의 해충을 잡아먹고 있었는데, 거미가 없어지자 마을에 해충이 늘어났어요. 따라서 이 글을 읽고 난 뒤의 반응으로 알맞아요.

3 ④ '슬금슬금'이란 '남이 알아차리지 못하도록 눈치를 살펴 가면서 슬며시 행동하는 모양.'을 뜻해요.

> **오답 풀이** ① '둥싯둥싯'이란 '굼뜨고 거추장스럽게 잇따라 움직이는 모양.'을 뜻해요.
> ② '대롱대롱'이란 '작은 물건이 매달려 가볍게 잇따라 흔들리는 모양.'을 뜻해요.
> ③ '아장아장'이란 '키가 작은 사람이나 동물이 이리저리 찬찬히 걷는 모양.'을 뜻해요.

4 ② ⓛ에서 거미는 마을 사람들의 이야기를 통해 사람들이 자신을 싫어한다는 것을 알게 됐어요. 그리

고 마을을 떠나려고 하지요. 이에 따른 거미의 마음은 '슬프다'예요.

▶ **실생활 문해력 - 거미줄의 재발견** ◀

◦ **글의 종류** 신문 기사
◦ **글의 주제** 인공 거미줄로 만든 제품들

---

1 이 글은 인공 거미줄로 만든 제품들에 대해 쓴 글이에요. ㉠에 들어갈 말은 '거미줄'이에요.

2 ④ 이 글은 신문 기사예요. 이 글은 사람들에게 정보를 알려 주기 위해 쓰였어요.

3 ② 이 글에서 거미줄은 같은 굵기의 강철보다 몇 배이상 더 강하다고 했어요. 즉 같은 두께라면 거미줄이 강철보다 더 튼튼해요.

> **오답 풀이** ① 이 글에서 인공 거미줄로 만든 제품은 가볍고 튼튼하다고 했어요. 쉽게 망가진다고 보기 어려워요.
> ③ 이 글에서 미국의 한 회사는 인공 거미줄로 만든 방탄복을 미국 군대에 제공했다고 했어요. 미국의 군인들이 인공 거미줄로 만든 방탄복을 입어요.
> ④ 이 글에서 거미줄을 밧줄 두께로 만들면 날아가는 비행기를 잡아챌 수 있을 정도라고 했어요.

4 ② ⓛ '일석이조'란 '돌 한 개를 던져 새 두 마리를 잡는다는 뜻으로, 동시에 두 가지 이익을 얻음.'이라는 뜻이에요. '병 주고 약 주기'는 '남에게 해를 입히고 나서 약을 주며 그를 도와주는 체한다는 뜻으로, 교활하고 음흉한 사람의 행동을 비유적으로 이르는 말.'로, 일석이조와 비슷한 뜻을 가진 속담이 아니에요.

> **오답 풀이** ①, ③, ④ 모두 한 가지 일을 하여 두 가지 이상의 이익을 보게 됨을 비유적으로 이르는 말이에요.

쉬어가기

부기(○), 붓기(×)

'부운 상태.'를 말할 때 많이들 '붓기'라는 낱말을 사용해요. 하지만 사실 '부기'가 올바른 표현이에요.

2일

112~117쪽

오늘의 퀴즈

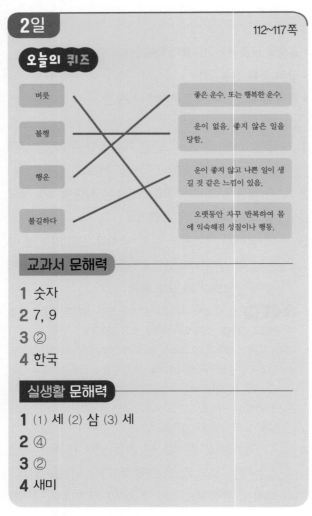

버릇	좋은 운수. 또는 행복한 운수.
불행	운이 없음. 좋지 않은 일을 당함.
행운	운이 좋지 않고 나쁜 일이 생길 것 같은 느낌이 있음.
불길하다	오랫동안 자꾸 반복하여 몸에 익숙해진 성질이나 행동.

교과서 문해력

1 숫자
2 7, 9
3 ②
4 한국

실생활 문해력

1 (1) 세 (2) 삼 (3) 세
2 ④
3 ②
4 새미

▶ **교과서 문해력 - 숫자를 둘러싼 생각들** ◀
◦ **글의 종류** 설명하는 글
◦ **글의 주제** 숫자에 담긴 의미

1 이 글은 숫자에 담긴 의미에 대해 쓴 글이에요. 각 나라에서 행운과 불행을 뜻하는 숫자는 무엇인지, 특별하게 생각하는 숫자는 무엇인지 등에 관해 설명하고 있어요.

2 이 글에서 언급한 행운의 의미가 담겨 있는 숫자는 7, 9예요. 동양과 서양에서 '7'을 행운의 숫자라고 여기고, 베트남과 태국에서는 숫자 '9'를 행운의 숫자로 여겨요.
오답 풀이 한자를 쓰는 나라에서는 숫자 '4'를 불길한 숫자라고 여겨요.

3 ② 숫자 '4'를 사용하는 것이 불길하다고 하여, 어떤 엘리베이터에서는 '4층'을 'F층'으로 표시하

기도 해요.
오답 풀이 ① 미국에서는 숫자 '13'을 불행의 숫자라고 여겨요.
③ 동양과 서양 모두 숫자 '7'을 행운의 숫자라고 여겨요.
④ 중국 베이징 올림픽은 2008년 8월 8일 오후 8시 8분에 개최되었어요.

4 숫자 '3'을 활용한 속담이 많은 나라는 한국이에요.

▶ **실생활 문해력 - 특별한 숫자 '3'** ◀
◦ **글의 종류** 사전
◦ **글의 주제** 숫자 '3'과 관련된 우리말 속담

---

1 (1) '세 살 버릇 여든까지 간다'에서 숫자 '3'과 관련된 글자는 '세'예요.
(2) '서당 개 삼 년이면 풍월을 읊는다'에서 숫자 '3'과 관련된 글자는 '삼'이에요.
(3) '세 사람만 우겨대면 없는 호랑이도 만들어 낼 수 있다'에서 숫자 '3'과 관련된 글자는 '세'예요.

2 ④ '풍월'은 자연의 아름다움을 노래하는 시를 말해요.
오답 풀이 ① '여든'은 80을 말해요.
② '서당'은 아이들이 공부를 하던 곳을 말해요.
③ '치'는 옛날에 길이를 재던 단위를 말해요.

3 ② 대화에서 성희는 아침마다 늦잠을 자는 버릇이 있어요. 이러한 나쁜 습관을 미리 고치기 위해 '세 살 버릇 여든까지 간다'는 속담을 말하는 것이 알맞아요.

4 ㉠ '말조심'이란 '말이 잘못되지 아니하게 마음을 쓰는 일.'을 말하는 것으로, 새미의 짐작이 알맞아요.

쉬어가기
건네다(○), 건내다(×)
'건네다'란 '돈이나 물건 등을 남에게 옮김.', '남에게 말을 붙임.'이라는 뜻이에요. '건내다'라고 잘못 쓰는 경우가 많지만 이는 틀린 표기예요.

오늘의 퀴즈

기념하는, 선언한, 위로하고, 추모하는

교과서 문해력

1 국경일
2 ✕
3 ②
4 개천절, 광복절

실생활 문해력

1 ㉠: 국경일, ㉡: 기념일
2 ④
3 ①
4 ②

▶ 교과서 문해력 - 나라에서 축하하는 날 ◀

• **글의 종류** 설명하는 글
• **글의 주제** 우리나라의 다섯 가지 국경일

---

1 이 글은 우리나라의 다섯 가지 국경일에 대해 쓴 글이에요. 3.1절, 제헌절, 광복절, 개천절, 한글날에 대해 설명하고 있어요.

2 개천절은 10월 3일이고, 광복절은 8월 15일이에요. 한글날은 10월 9일이에요.

3 ② 한글날은 세종 대왕이 한글을 만들어 세상에 널리 알린 것을 기념하는 날이에요.

오답 풀이 ① 제헌절은 대한민국 헌법을 만들어 널리 알린 것을 기념하는 날이에요. 우리나라의 첫 국가인 고조선이 세워진 것을 기념하는 날은 개천절이에요.

③ 광복절은 우리나라가 일본에 빼앗겼던 권리를 다시 찾은 것을 기념하는 날이에요.

④ 3.1절은 우리나라가 일본에게서 독립을 선언한 것을 기념하는 날이에요.

4 우리나라의 공휴일은 3.1절, 광복절, 개천절, 한글날이에요. 제헌절은 2007년까지 공휴일이었지만, 그 뒤로는 공휴일에서 제외되었어요.

▶ 실생활 문해력 - 국경일과 기념일 ◀

• **글의 종류** 인터넷 게시 글
• **글의 주제** 국경일과 기념일의 차이점

---

1 ㉠ '국경일'은 나라에 일어난 기쁜 일을 기념하는 날이에요. ㉡ '기념일'은 어떠한 날을 기념하는 날이에요.

2 ④ 이 글에서 질문자는 궁금증을 해결하기 위해 글을 썼어요.

3 ① 이 글에서 답변자의 결혼기념일은 알 수 없어요.

오답 풀이 ② 현충일을 기념하는 까닭은 우리나라를 위해 목숨을 내준 분들을 위로하고 추모하는 날이기 때문이에요.

③ 현충일, 식목일, 어린이날, 어버이날 등 우리나라의 다양한 기념일을 알 수 있어요.

④ 현충일이 국경일이 아닌 까닭은 광복절과 같이 나라에 일어난 기쁜 일을 기념하기 위한 날이 아니기 때문이에요.

4 ② 결혼한 날을 기념하는 결혼기념일은 가정에서 정하는 기념일로, 국가 기념일이 아니에요.

오답 풀이 ① 모든 기념일을 나라에서 정하는 것은 아니에요.

③ 개교기념일은 학교에서 정한 기념일이에요.

쉬어가기

돌멩이(○), 돌맹이(×)

'돌멩이'란 '돌덩이보다 작은 돌.'을 뜻하는 말이에요. '멩'이란 글자가 들어가는 낱말이 거의 없어서 어색해 보일지 모르겠지만, '돌멩이'가 맞는 표기랍니다.

4일

오늘의 퀴즈

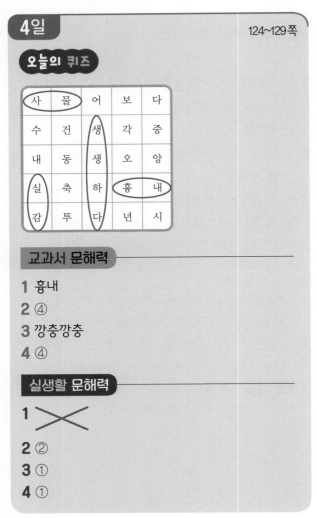

사	물	어	보	다
수	건	생	각	중
내	동	생	오	앙
실	축	하	흉	내
감	투	다	년	시

교과서 문해력

1 흉내
2 ④
3 깡충깡충
4 ④

실생활 문해력

1 ✕
2 ②
3 ①
4 ①

▶ **교과서 문해력 - 글을 생생하게 표현하는 방법** ◀

‹ **글의 종류** 설명하는 글
‹ **글의 주제** 흉내 내는 말

1 이 글은 흉내 내는 말에 대해 쓴 글이에요. 의성어와 의태어에 대해 설명하고 흉내 내는 말을 쓰면 좋은 점을 설명하고 있어요.
2 ④ '사각사각'은 소리, '폴짝폴짝'은 모양을 흉내 내는 말이에요.
3 동요에서 토끼가 뛰어가는 모습을 흉내 내는 말은 '깡충깡충'이에요.
4 ④ '덕지덕지'는 어지럽게 덧붙거나 겹쳐 있는 모양을 흉내 낸 의태어예요.
　오답 풀이 ①, ②, ③ 모두 소리를 흉내 낸 의성어예요.

▶ **실생활 문해력 - 오리 | 권태응** ◀

‹ **글의 종류** 시화
‹ **글의 주제** 오리

1 엄마 오리는 '둥둥', 아기 오리는 '동동'으로 그 모양을 흉내 냈어요.
2 ② 이 시에서 엄마 오리와 아기 오리는 연못에서 헤엄을 치고 있어요.
3 ① 이 글은 동시예요. 이와 같은 글을 읽을 때에는 시에 나타난 장면을 상상하며 읽어요.
4 ① 아기 오리가 엄마 오리보다 작기 때문에 '풍덩' 대신 '퐁당'이라는 표현을 사용했어요.

쉬어가기

육개장(○), 육계장(✕)

급식으로 나온 육개장을 먹어본 적이 있나요? '육개장'이란 '쇠고기를 삶아서 알맞게 뜯어 넣고, 얼큰하게 양념을 하여 끓인 국.'을 말해요. '닭 계(鷄)'라는 한자 때문에 '육계장'이라고 쓰는 경우가 종종 있지만, '육개장' 안에는 닭고기가 들어가지 않아요. 그러므로 '육개장'이 맞는 표기랍니다.

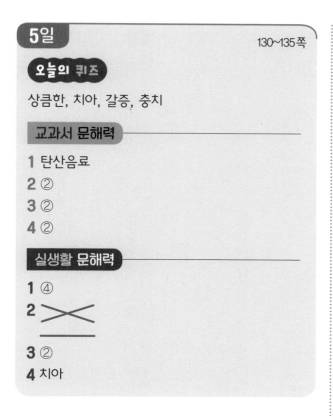

오늘의 퀴즈

상큼한, 치아, 갈증, 충치

교과서 문해력

1 탄산음료
2 ②
3 ②
4 ②

실생활 문해력

1 ④
2 ✕
3 ②
4 치아

▶ 교과서 문해력 - 탄산음료가 건강에 미치는 영향 ◀

◀ **글의 종류** 주장하는 글
◀ **글의 주제** 탄산음료

---

1 이 글은 탄산음료에 대해 쓴 글이에요. 탄산음료를 마시는 것을 줄여야 하는 이유에 대해 설명하며 탄산음료를 덜 마실 것을 주장하고 있어요.

2 ② 탄산음료에 들어 있는 '인산'은 뼈를 약하게 만들어요. 그래서 탄산음료를 많이 마시면 이가 약해지고, 충치가 생기기 쉬워진다고 하였어요.

3 ② 숨겨진 두 얼굴이란 탄산음료는 잠시 갈증을 사라지게 하지만, 건강에 해를 끼치는 면모가 있다는 것을 말해요.

4 ② 글쓴이는 앞으로 탄산음료를 마시는 것을 줄이자고 주장하고 있어요. 탄산음료는 몸속의 수분을 빠져나가게 하여 오히려 갈증을 더 느끼게 만들어요. 또한 탄산음료를 마시면 이가 약해지고 충치가 생기기 쉬워져요. 이 글을 읽고 난 후의 반응으로, 앞으로는 탄산음료를 마시는 것을 줄여야겠다는 것이 알맞아요.

▶ 실생활 문해력 - 치아 건강을 지키는 방법 ◀

◀ **글의 종류** 카드 뉴스
◀ **글의 주제** 칫솔질을 올바르게 하는 방법

---

1 ④ 이 카드 뉴스는 칫솔질을 올바르게 하는 방법을 알려 주기 위해 만들어졌어요.

2 윗니는 위쪽에서 아래쪽으로 닦고, 아랫니는 아래쪽에서 위쪽으로 닦아요. 혀는 안쪽에서 바깥쪽으로 닦아요.

3 ② 어금니의 씹는 면은 앞뒤로 닦아야 한다고 카드 뉴스에 나와 있어요.

오답 풀이 ① 뺨의 안쪽도 함께 닦아요.
③ 앞니의 안쪽은 칫솔모를 세워서 닦아요.
④ 윗니, 아랫니, 어금니 모두 잇몸에서 치아 방향으로 닦아야 해요.

4 '치아'는 '이'를 점잖게 이르는 말이에요.

쉬어가기

희한하다(○), 희안하다(✕)

'희한하다'란 '매우 드물거나 신기함.'을 뜻하는 낱말이에요. '희안하다'와 헷갈리는 경우가 많지만, '희안하다'라는 낱말은 사전에 없어요.